NATIONAL GEOGRAPHIC

essen * shoppen * schlafen

HAMBURG

STYLEGUIDE

Claudia Reshöft, Anne Eickenberg

1 HAFENCITY MIT ENTENWERDER
2 ALT- & NEUSTADT
3 ST. PAULI & ALTONA-OTTENSEN
4 KAROLINENVIERTEL & STERNSCHANZE
5 EIMSBÜTTEL
6 EPPENDORF & GRINDELVIERTEL
7 VON WINTERHUDE NACH ST. GEORG
8 ELBVORORTE
9 WILHELMSBURG

INHALT

MOIN! UND WILLKOMMEN IN HAMBURG!

Für die einen ist Hamburg schlicht die schönste Stadt der Welt. Für andere ist sie das »Tor zur Welt«. Wer dieses geflügelte Wort einmal erfunden hat, lässt sich nicht mit Sicherheit bestimmen. Waren es die Matrosen, die auf den Schiffen anheuerten, um der Armut zu entkommen? Oder die hanseatischen Kaufleute, die mit Waren aus Übersee und von anderswo handelten und es damit zu ansehnlichem Wohlstand brachten? Egal. Wer in Deutschlands nördlichster Metropole lebt, will nie wieder weg. Trotz des legendären Schietwetters*, das viel besser ist als sein Ruf (S. 6).

Warum es hier so schön ist? Da ist einmal die einzigartige Lage mit der Alster im Herzen und der Elbe als Hauptschlagader. Das weitverzweigte Netz aus Fleeten und Kanälen reicht bis tief in die umgebenden Viertel hinein. Die Wasseradern werden von rund 2500 Brücken überspannt – das sind mehr als Amsterdam und Venedig zusammen haben. Der Charme der Hansestadt wird auch durch die stolze Tradition der Seefahrer, Arbeiter und Kaufleute geprägt. Letztere pflegen schon seit dem 13. Jahrhundert enge Handelsbeziehungen zum britischen Königreich. Später schickten sie ihre Söhne auf englische Internate. Von dort kamen die jungen Männer in Tweed gekleidet und in handgenähten Schuhen zurück, im Gepäck das Ritual des *Afternoon Tea* und den gepflegten, für manchen Geschmack leicht snobistischen Lebensstil, der bis heute unter anderem im Anglo German Club und Polo Club mit Hingabe gepflegt wird. Die Verbundenheit gipfelt angeblich sogar in

der Behauptung, »Wenn es in London regnet, spannen die Hamburger den Schirm auf«. Nun ja.
Der Grund dafür, dass ich selbst schon 27 Jahre meines Lebens hier verbracht habe (übrigens meistens ohne den Schirm aufzuspannen), ist das Nebeneinander von Hansetraditionalisten, multikulturellen Zuwanderern und den Quartiersrebellen, die mit ihrem bunten Lebensentwurf einen kreativen Kontrast zum gediegenen Wohlstand schaffen. Mit dem Bau der HafenCity und der Elbphilharmonie hat die Stadt ehrgeizige Bauvorhaben verwirklicht. Und die Entwicklung des Hafens geht weiter. Im lange als Hauptgüterbahnhof genutzten, zwischendurch brachliegenden Oberhafen wird der künstlerische Freiraum, den sich Fotografen und Kreative hier geschaffen haben, aufwendig saniert – und er soll danach bezahlbar bleiben. Hamburg ist neben seiner großartigen Tradition so lebenswert, weil es weltoffen, kreativ, vielfältig und tolerant ist und ein Herz für alle hat.
Die Voraussetzungen dafür sind bestens. Denn die Hanseaten sind bekannt für ihr bürgerschaftliches Engagement. Das gilt sowohl für die Vereine, die in den weniger wohlhabenden Bezirken grandiose Stadtteilarbeit leisten als auch für die großzügigen Spenden der »Reichen«, die nebenbei auch noch so viele Stiftungen gegründet haben wie in keiner anderen deutschen Stadt. Zudem

»Hamburg ist neben seiner großartigen Tradition so lebenswert, weil es weltoffen, kreativ, vielfältig und tolerant ist und ein Herz für alle hat.«

gibt es laut Gründungsmonitor der KfW-Bank in Hamburg mehr Startups als in Berlin, jedenfalls gemessen an der Einwohnerzahl.
Das werden Sie auch während der Entdeckungsreise spüren und sehen, auf die wir Sie in diesem Buch mitnehmen. Wir machen Sie darin mit den noblen Seiten der Stadt ebenso bekannt wie mit aufstrebenden Vierteln und Quartieren, die wirken als wäre die Zeit stehen geblieben. Wir stellen Ihnen Menschen und Orte vor, die eine Quelle der Inspiration sind und mit ihren frischen Ideen Hamburg zu dem machen, was es ist: eine Perle – und die schönste Stadt der Welt. Lust, uns zu begleiten? Na, denn man tau!*
Ihre
Claudia Reshöft & Anne Eickenberg

* s. S. 226, Hamburger Schnack

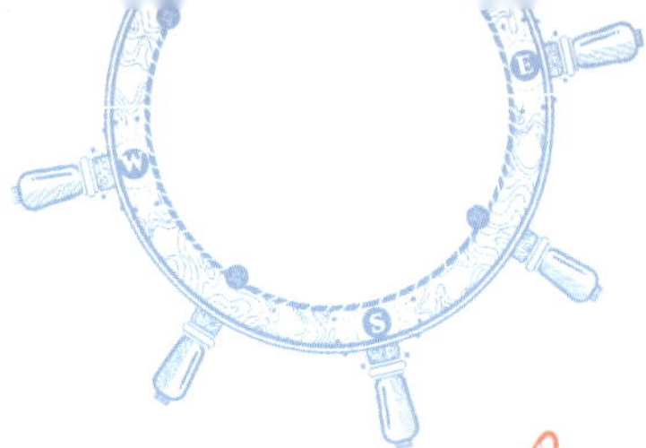

HAMBURG TIPPS

WETTER UND REISEZEIT

Böse Zungen behaupten, in Hamburg komme das Wasser meistens von oben. Was natürlich nicht stimmt, denn über der Hansestadt scheint die Sonne mit angeblich 1550 Stunden fast genauso oft wie in München (1770 Stunden). Aber wenn es regnet, dann ordentlich. Treiben im Frühjahr und Herbst die kräftigen Böen zusätzlich den Pegel der Elbe in die Höhe, kann ich Ihnen nur empfehlen, das Auto nicht zu nahe am Ufer zu parken. Dort herrscht dann nämlich »Land unter«. Das meiste Wasser aber bleibt in der Elbe und fließt in der Alster, den Kanälen und Fleeten.

Wenn der Hochsommer uns mit warmen Brisen verwöhnt, ist der Weg dorthin nie weit. Ideales Sightseeing- und Straßencafé-Wetter herrscht vom späten Frühjahr bis zum Herbst. Im Winter scheint die Sonne seltener, ein Grund mehr für den Besuch der hervorragenden Theater, Musicals, Kunst- und Kultureinrichtungen.

ÖFFENTLICHER NAHVERKEHR

Parkplätze sind in allen Großstädten knapp. Deshalb nutzen Sie besser die öffentlichen Nahverkehrsmittel (*www.hvv.de*). Busse, U- und S-Bahnen sind nach guter hanseatischer Manier ziemlich verlässlich und auf die Minute pünktlich. Tagsüber fahren die U- und S-Bahnen im gesamten Gebiet mindestens alle 10 Minuten, im Innenstadtbereich alle 5 Minuten. Dieser Takt gilt auch für alle wichtigen Buslinien. Nachts fahren die U- und S-Bahnen an Werktagen bis ca. 0.30 Uhr. Von Freitag bis Sonntag und vor Feiertagen fahren sie meist die ganze Nacht durch. Nachtschwärmer kommen unter der Woche mit einer der 19 Nachtbuslinien nach Hause, die vom Rathausmarkt mit Stopps an vielen Haltestellen sternförmig in alle Stadtteile fahren.

Der HVV hat sein Tarifgebiet in verschiedene Ringe eingeteilt, unsere Ziele liegen allesamt in den ersten zwei bis drei Ringen. Am günstigsten unterwegs auf Ihren Entdecker-Touren sind Sie mit der Hamburg CARD. Damit können Sie alle Verkehrsmittel des HVV nutzen und erhalten zusätzlich bis zu 50 Prozent Ermäßigung in Theatern, Museen, Sehenswürdigkeiten etc. Erhältlich ist sie ab 9,90 Euro für einen, drei oder fünf Tage – vorab online oder vor Ort an nahezu allen Fahrkartenautomaten und in Bussen. Alternativ bietet sich die Ganztageskarte an, auf der Sie bis zu drei Kinder bis 14 Jahre kostenlos mitnehmen dürfen (2 Ringe = 7,60 Euro). Wer sich drei Tage lang mit Freunden oder der Familie in Hamburg aufhält, ist am preisgünstigsten mit der 9-Uhr-Gruppenkarte unterwegs. Sie gilt für bis zu fünf Personen täglich ab 9 Uhr (am Wochenende ganztägig) und kostet bei zwei Ringen 11,80 Euro. Mütter oder Väter, die allein mit bis zu drei Kindern unter 14 Jahren reisen, lösen die 9-Uhr-Tageskarte für 6,20 Euro. Kinder unter sechs Jahren fahren kostenlos mit dem HVV. Bitte beachten Sie, dass bei Schnellbussen ein Zuschlag zu zahlen ist.

Extratipps für Sightseeing der etwas anderen Art

16 Sehenswürdigkeiten wie das Altonaer Rathaus, die Reeperbahn, die Elbphilharmonie und Speicherstadt passieren Sie bei einer Busfahrt mit der Linie 111. Alle 20 Minuten pendelt der Bus vom Bahnhof Altona über den Fischmarkt und die Landungsbrücken bis in die HafenCity.

Sensationell ist der Blick, den Sie an Bord der Fährlinie 72 genießen, die Sie in 10 Minuten von den Landungsbrücken bis zur Elbphilharmonie bringt.

Wer vom einen zum anderen Außenalsterufer übersetzen möchte oder eine Barkassenfahrt entlang der traumhaften Villen machen möchte, kann zwischen Jungfernstieg und Winterhuder Fährhaus an neun Anlegern auf die Linienschiffe der Alstertouristik auf- und jederzeit wieder absteigen. Tickets: pro Anleger 2 Euro, Tageskarte 15 Euro (*www.alstertouristik.de/klassiker/alsterkreuzfahrt.html*).

Einmal über die Elbe schippern? Auch das können Sie mit dem HVV-Ticket. Stromabwärts geht es mit der Fährlinie 62 von den Landungsbrücken bis nach Finkenwerder, vorbei am Fischmarkt, dem Dockland bis nach Othmarschen (*www.hadag.de/hafenfaehren*).

AUF ZWEI RÄDERN

Hamburg ist eine radfahrerfreundliche Stadt, größere Höhenunterschiede müssen Sie nicht bewältigen. Höchstens auf dem Kopfsteinpflaster kann es mal ein bisschen ruckelig werden. Mit dem StadtRad sind Sie von Fahrplänen unabhängig. An gut 130 Stationen stehen mehr als 12000

Fahrräder zum Ausleihen bereit. Sie registrieren sich nur kurz im Netz oder telefonisch oder melden sich direkt an einem der Fahrrad-Terminals an. Noch einfacher geht es mit der StadtRad-App. Die ersten 30 Minuten fahren Sie kostenlos, danach kostet jede Minute 8 Cent. Die Gebühr für bis 24 Stunden beträgt höchstens 12 Euro. Die 5 Euro Einrichtungsgebühr werden als Guthaben gespeichert (*www.stadtrad.hamburg.de*).

ESSEN UND TRINKEN

Hinge der Himmel voller Michelin-Sterne, wäre es selbst nachts in Hamburg taghell: The Table, das Haerlin, Louis C. Jacob, Piment, Prinz Frederik, Se7en Oceans, das Seven Seas sowie Anna Sgroi sorgen mit bis zu drei Sternen für eine extrem hohe Spitzenkochdichte. Doch auch außerhalb der Gourmet-Tempel isst man ausgezeichnet. Zumal sich eine ambitionierte Garde aus (internationalen) jungen Gastronomen anschickt, die als einfach und deftig bekannte typisch hamburgische Küche neu zu interpretieren. Sie dürfen bei unseren Restauranttipps also bedenkenlos zulangen, wenn Aalsuppe*, Birnen, Bohnen und Speck oder Labskaus* auf der Karte stehen.

Was die flüssige Nahrung anbelangt: Der Hamburger Hafen ist nach wie vor der Hauptumschlagplatz für Rohkaffee. Es gibt eine ganze Reihe von Röstereien, die daraus köstliche Kaffees machen. Lokalpatrioten mit einer Schwäche für Alkoholisches trinken ein Astra, unschwer an dem Herz mit Anker auf der bauchigen Steinieform-Flasche zu erkennen. Im Zuge des Bier-Varietätenwahns führte man in der Brauerei auch ein fertig gemixtes Astra »Alsterwasser« ein. Als der Carlsberg-Konzern, dem die Traditionsmarke inzwischen gehört, im Rahmen des Internationalisierungswahns versuchte, diese regionalspezifische Bezeichnung zu nationalisieren, bekam er es mit der eingeschworenen Fangemeinde zu tun, die umgehend einen Widerstandssturm im Netz organsierte.

Mit Erfolg: Das, was im südlichen Teil der Republik als Radler bekannt ist, heißt bei Astra weiterhin Alsterwasser. Ach, und wenn Sie hier ein in Flaschen abgefülltes Wasser trinken möchten, lassen Sie doch die Flaschen des Schweizer Nahrungsmittelgiganten stehen, und bestellen Sie lieber ein stilles oder lautes Viva con Agua. Damit unterstützen Sie das Projekt, das auf Kuba im Trainingslager des FC St. Pauli entstanden ist. Der gleichnamige Verein setzt sich nämlich dafür ein, dass alle Menschen weltweit Zugang zu sauberem Trinkwasser haben
(*www.vivaconagua.org*).

* s.S. 226, Hamburger Delikatessen

MUSIKALISCHE HOCHBURG

Hamburg hat – neben einer ganzen Reihe weiterer ausgezeichneter Musikstätten wie z.B. der Laeisz-Halle und der Staatsoper – nicht nur die Elbphilharmonie, es ist zudem auch die Musical-Metropole Deutschlands. Alleine auf der Reeperbahn haben sich am Spielbudenplatz vier erfolgreiche Privattheater mit einem abwechslungsreichen und besonders charmanten Programm etabliert: das Schmidt-Theater sowie Schmidt's Tivoli, das St. Pauli Theater und das Imperial Theater. Auf den großen Bühnen der Stage Company wie dem Operettenhaus, der Neuen Flora oder dem Theater am Hafen werden die großen Welthits gespielt (*www.hamburg.de/musical*).

»Ich liebe die Vielfalt und bin in Hamburg umgeben von ihr. Heimat ist da, wo das Herz ist.«

Fahri Yardim, türkischstämmiger deutscher Schauspieler

BADEN

So verlockend es auch scheint – ein abkühlendes Bad in der Elbe oder in der Alster ist zwar gesundheitlich völlig unbedenklich und auch erlaubt. Aufgrund der relativ hohen Verkehrsdichte mit Booten und Schiffen sowie der Sogwirkung, die insbesondere an der Elbe von den großen Pötten ausgehen kann, gehen Sie am besten nur bis zum Knöchel hinein. Besser tauchen Sie in einem der zahlreichen (Frei-)Bäder ab (*www.baederland.de*).

UNTERWEGS MIT KINDERN

Kaum eine Metropole bietet so viel Spannendes für die »Lütten« wie die Hansestadt. Das ist natürlich einmal der Hafen mit seinen gigantischen Bauten, Kränen und Schiffen. Im gesamten Stadtgebiet gibt es weitläufige Parks mit Spielplätzen. Und wenn es draußen mal grau und griesig ist, bieten Museen so spannende Konzepte, dass es nur noch heißt: »Dürfen wir ins Museum?« Zum Beispiel können Kinder bunte Kulturen im Völkerkundemuseum (*www.voelkerkundemuseum.com*) entdecken. Oder sich im Spicys (S. 20) durch die Welt der Gewürze schnüffeln. Die Hamburger Kunsthalle bietet Samstags für Kinder ab sechs Jahren eine eigene Führung mit Workshop an; Teilnahmegebühr 4 Euro. Und dann gilt es ja noch, das Miniatur Wunderland zu entdecken (S. 24).

(M)EIN TAG IN HAMBURG

Wie ein perfekter Tag für mich aussieht? Ich musste schon ein Weilchen nachdenken, bevor ich mich mit mir selbst auf meine persönlichen Lieblings-Spots einigen konnte. Weil ich nicht zu den ausgiebigen Frühstückern gehöre, setze ich mich mit einem Franzbrötchen vor das **Café Schmidt** (S. 82). Von da aus schlendere ich weiter nach Ottensen und kaufe einen **Gin Sul** (S. 90), um meine Gastgeber am Wochenende damit zu beglücken. Bei der Gelegenheit lasse ich mich bei **Adler-Altona** (S. 98) von Christian beraten, womit man Männer überraschen kann, die schon alles haben. Zum Mittag verspeise ich eine der unglaublich köstlichen Galettes im **Ti Breizh** in der Deichstraße (S. 40), nehme am Großneumarkt noch ein paar Geschirrtücher von **Frohstoff** mit (S. 46). Nach einem Kaufrausch im **Perle Store** (S. 62) liebäugle ich im **Maison F.** (S. 48) mit den traumhaften Guax-Vasen! Von dort aus geht es zu **Oschätzchen** (S. 55), denn am Nachmittag treffe ich meine Freundin Moni – und der will ich etwas Nettes mitbringen. Weil ich dringend Nachschub an schön gemachten Geschenkkarten brauche, stöbere ich bei **Papier & Feder** (S. 60) durch das Sortiment. Bei **Todt & Meiers** im Schanzenviertel (S. 128) kaufe ich ein Paar neue Boots für die Hunderunden und treffe **Thomas Sampl** (S. 102) im **Elbgold** (S. 116) auf einen Kaffee, um zu erfahren, was er noch so alles plant. Weil kein Hamburg-Besuch verstreichen kann, ohne von den üppig mit Früchten belegten und von krossen Zuckerstreuseln gekrönten Hefekuchen (mit ganz viel Sahne) im **Petit Café** (*www.petitcafe-hamburg.de*) gekostet zu haben, mache ich den Schlenker über Eppendorf. Dort lasse ich mich von Jana Krinkes schönen Einrichtungsideen im **Bon Voyage Interieur** inspirieren (S. 180). Nun wird es Zeit für einen Sundowner mit Moni auf dem **Ponton Op'n Bulln** an der Elbe (S. 212). Wenn wir uns dort nicht verplaudern, schaffe ich es noch zu einer Aufführung (egal welcher, denn sie sind alle großartig!) ins **St. Pauli Theater** (S. 76). Danach habe ich wieder Hunger! Naheliegend, dass ich einen kurzen Sprung über die Reeperbahn mache und mich beseelt von der lebendigen Atmosphäre und den Spezialitäten in der **Mexiko Straße** (S. 74) mitreißen lasse.

Hamburgs neue Mitte ist die Hafencity – erbaut in zeitgenössischer Architektur vor romantischer Backsteingotikkulisse

Shops

3 Marc & Daniel
10 Johanna Schultz Wohnen
12 Hanseatische Materialverwaltung

Café

13 Café Entenwerder 1

Essen

2 Carl's Brasserie
6 VLET
8 NENI

Kunst & Kultur

1 Elbphilharmonie
4 Dialog im Dunkeln
5 Spicy's Gewürzmuseum
9 Miniatur Wunderland
11 Haus der Photographie (in den Deichtorhallen)
14 Goldener Pavillon

Hotel

7 25hours

NEUES TOR ZUR WELT: **DIE HAFENCITY**

Die Mutter des Modeschöpfers Karl Lagerfeld sagte einmal, Hamburg sei das Tor zur Welt, aber eben nur das Tor … Da kannte sie die HafenCity noch nicht. Denn heute begegnen sich in diesem Quartier die Welten, die kennzeichnend sind für die Elbmetropole: Tradition trifft auf Weltoffenheit, Protest auf Establishment, Geschichte auf Vision. Neben der Backsteinromantik in der als UNESCO-Welterbe geschützten Speicherstadt entstehen auf rund 160 Hektar ehrgeizige Bauprojekte. Und im Oberhafenquartier ist die unbändige Lust gewachsen, Althergebrachtes mit frischen Ideen zu revolutionieren. Schön, wenn dabei Raum für alle(s) bleibt.

1 Elbphilharmonie

Die ausgefeilte Akustik macht sie zu einem der besten Konzerthäuser weltweit, und ihre spektakuläre Architektur (innen und außen!) zum neuen Wahrzeichen der Stadt. Erbaut auf einem historischen Kaispeicher an der Spitze der HafenCity hat sie mit 789 Millionen Euro zehnmal mehr Baukosten verschlungen als geplant! Zwar sind die Tickets für Jazz, Pop und Klassik meist lange im Voraus ausgebucht, aber anschauen kann sich die »Elphi«, wie die Hamburger sie beinahe zärtlich nennen, jeder. Und auf der Plaza genießt man einen fantastischen Ausblick.
Platz der Deutschen Einheit 4
www.elbphilharmonie.de

MQ
JRC
Hamburg
Hamburg
HAMBURG

2 Carl's Brasserie

Vor oder nach dem Konzert sind es nur wenige Schritte dorthin. Ein paar Jahrzehnte braucht das Stil-Mobiliar schon noch, um den Charme des Authentischen zu entwickeln, über den zweifellos das ehrwürdige Mutterhaus Louis C. Jacob an der Elbchaussee (*www.hotel-jacob.de*) verfügt. Aber der Blick aus der Brasserie auf das Treiben im Hafen ist großartig! Wir werden selig mit einer Etagere voller Hummer, Kaisergranaten, Crevetten und Austern samt feiner Mayonnaise. Danach ein Bœuf Bourguignon – Applaus! Das Bistro bietet Kleinigkeiten für eilige Gäste.
Am Kaiserkai 69
www.carls-brasserie.de

3 Marc & Daniel

Ein bisschen wie beim Besuch bei Freunden, die ein paar richtig coole Klamotten kaufen – so fühlt man sich bei Marc und Daniel Säger, zwei Brüdern, die ihren Modeladen für (junge!) Männer und Frauen im Überseequartier angesiedelt haben. Und wer unter Marken wie Calvin Klein Underwear, von Jungfeld oder Armed Angels schietwettertaugliche Cardigans, Chinos, Hemden und Mützen eingekauft hat, trinkt noch gemütlich ein Bierchen auf der Couch. Noch intimer wird's bei einem Private Shopping mit persönlicher Stilberatung.
Überseeboulevard 2
www.marcunddaniel.de

4 Dialog im Dunkeln

Unser Bad finden wir nachts im Schlaf. In einer fremden Straße dürfte die Orientierung schwerfallen, wenn jegliches Licht ausgeknipst wurde. Wie es sich anfühlt, wenn man blind ist, erfahren Besucher in dieser komplett abgedunkelten Ausstellung. Begleitet von Sehbehinderten geht es riechend, hörend und tastend durch eine uns unbekannte Welt. Hochspannend, weil wir den Alltag danach völlig anders wahrnehmen. Tipp: das »Dinner in the dark« mit Vier-Gänge-Menü und Schnuppertour buchen – eine ungewöhnliche Erfahrung, wenn das Auge nicht »mitisst«.

Dialoghaus Hamburg, Alter Wandrahm 4
www.dialog-im-dunkeln.de

5 Spicy's Gewürzmuseum

Wo die Pfeffersäcke wohnen? In Hamburg natürlich! Alle Gewürze, die anno dazumal als exotisch galten, wurden nämlich schlicht als »Pfeffer« bezeichnet. Und weil die Hanseaten mit vielen Säcken handelten und so Reichtum anhäuften, hatten sie ihren Namen weg. Aber wo wächst Pfeffer eigentlich? Wie kam er nach Hamburg? Und welche Aromen gibt es überhaupt? Etwa 50 Rohgewürze und Küchenkräuter sowie über 900 Exponate aus fünf Jahrhunderten kann man bei einer Reise um die Welt anfassen und ausprobieren.

Am Sandtorkai 34
www.spicys.de

6 VLET

Gehört hat wohl jeder schon davon, probiert haben es die wenigsten: Labskaus. Das ist auch gut so, denn nicht jedem gelingt die Zubereitung dieses Matrosengerichts so, dass man es mit Appetit isst. Statt sie wie üblich zur undefinierbaren Pampe zu verkochen, baut Küchenchef Knut Keppler die Bestandteile zum genussvollen Türmchen auf. Auch ansonsten beweist er bei den 2.0-Varianten von Traditionsgerichten ein gutes Händchen, etwa beim »Schnüsch«: Die Kartoffeln badet er in Kerbel-Milch-Sauce, legt glasiertes Gemüse sowie Waldpilze bei. Optisch wie geschmacklich ein Gedicht!
Am Sandtorkai 23-24, www.vlet.de

7 25hours

Schon mal im Hafencontainer geschwitzt? Die Überseekolosse dienen in dem individuell ausgestatteten Designhotel mal als Sauna oder Tagungsraum. Ansonsten fühlt man sich wie im Seemannsheim, allerdings geht es in den gemütlichen Kojen von Größe M bis XL deutlich komfortabler zu. Die augenzwinkernde Elemente- und Materialkombination kommt so entspannt daher, dass man sich in einer der Lounge-Ecken lümmelnd oder Schallplatten lauschend wünscht, nie wieder aufstehen zu müssen. Definitiv ein cooler Ort, um ein paar Tage vor Anker zu gehen.

Überseeallee 5
www.25hours-hotels.com

8 NENI

Dass Haya Molcho die Ehefrau des Pantomimen Samy Molcho ist und der Restaurantname aus den Anfangsbuchstaben der gemeinsamen Söhne Nuriel, Elior, Nadiv und Ilan entstanden ist, dürfte bekannt sein. Ihr Verdienst ist: Die Gastronomin hat Israels Küche nach Hamburg gebracht und kombiniert ihre »ostmediterrane Soul Kitchen« mit Hafen- und Fischgerichten. Die Mezze kommen als Balagan (»sympathisches Chaos«) auf den Tisch – köstliche Kreationen, an denen sich jeder bedient. Danach gibt's sündhaft leckere Schokoküchlein von Ilan mit Vanille-Rosmarin-Eis.
Osakaallee 12 im Alten Hafenamt
www.nenihamburg.de

9 Miniatur Wunderland

Von wegen Kinderkram! Beim Besuch der weltgrößten Modelleisenbahnanlage kommt man sich vor wie der Riese Gulliver auf einem magischen Ausflug. Die rund 1 300 Quadratmeter Ausstellungsfläche wurden mit ausgefeilter Technik, mit Witz und faszinierender Detailversessenheit gestaltet: Polizisten im Einsatz, der Gefängnisausbruch schwerer Jungs, Liebespaare auf der Blumenwiese … was dabei rauskommt, können Besucher teilweise selbst steuern. Tickets unbedingt online reservieren. Oder Wartezeiten einkalkulieren!
Kehrwieder 2, Block D
www.miniatur-wunderland.de

10 Johanna Schultz Wohnen

Foto- und Film-Stylisten wissen, wo sie nach Trüffeln suchen müssen, z. B. im Showroom von Johanna Schultz im Oberhafenquartier. Hier hat die Kunsthistorikerin außergewöhnliche Schätze zusammengetragen – mal Popart, mal Vintage, vieles davon oft und heiß geliebt. Ihre Beute teilt sie gerne und rät schon mal, einen Louis-XVI.-Stuhl mutig mit einem knalligen Sofa zu kombinieren. Neben irren Lampen und Kommoden gibt es ausgefallene Geschenke zum Mitnehmen wie das Schnurrbart-Pflegeset.

Stockmeyerstr. 43
www.johanna-schultz.de

11 Haus der Photographie

Hier sind sie alle zu sehen, die großen Lichtbildner des 19. und 20. Jahrhunderts. Im südlichen Teil der Deichtorhallen werden unter beeindruckender Stahlglasarchitektur internationale Wechselausstellungen von historischen Positionen bis hin zu zeitgenössischen Fotografen sowie Aspekte der digitalen Revolution gezeigt. Unbedingt anschauen: die Sammlung F.C. Gundlach. Der Hamburger prägte seit Mitte der 1950er-Jahre die Modefotografie. Unbedingt vormerken: die 7. Triennale der Photographie (alle drei Jahre) findet im Juni 2018 statt.

Deichtorstr. 1–2, www.deichtorhallen.de

12 Hanseatische Materialverwaltung

Einen Schuppen weiter rechts von Johanna Schultz (S. 26) befindet sich eine weitere Fundgrube für kreative Sammler. Die gemeinnützige Organisation hat schon einige Schätze gerettet: Requisiten, Bühnenbilder, Schaufensterpuppen und vieles mehr, was nach TV- und Theaterproduktionen oder Events im Müllcontainer gelandet wäre. Da werden Kulissen, Pappmachéfiguren, Elvis-Porträts oder Löwenfiguren verliehen oder verkauft. Bei den Preisen gilt: Je gemeinnütziger der Zweck, desto günstiger. Das unterstützt man auch als Privatperson gerne!

Stockmeyerstr. 41–43/Halle 3
www.hanseatische-materialverwaltung.de

Pilsner Urquell

13 Café Entenwerder 1

Ein wenig abgelegen, aber schon der Weg dorthin ist einmalig. Auf dem Rad geht es von den Deichtorhallen nach Rothenburgsort, durch den Entenwerder Park und über eine alte Brücke. Dahinter dümpelt der Ponton, auf dem sich das Café in ausgedienten Hafencontainern eingerichtet hat. Der Industrie-Chic wirkt lässig und so, als wäre dieser Ort nie ein anderer gewesen. Holzkähne und Frachter ziehen vorbei, während wir auf Duckdalben zwischen Pflanzkübeln in den Tag hinein- oder der Abenddämmerung entgegenträumen. Am Wochenende gibt's Frühstück.
Entenwerder 1
de-de.facebook.com/entenwerder1

14 Goldener Pavillon

Wie ein Flussschiffer mitten auf der Elbe fühle man sich an diesem Platz, befand der Hamburger Modeunternehmer Thomas Friese (S. 56) und verhalf der kleinen Halbinsel Entenwerder in Rothenburgsort zu einem glänzenden Denkmal. Gemeinsam mit seiner Tochter Alexandra holte er das von den Architekten Jan Kampshoff und Marc Günnewig von »modulorbeat« geschaffene Werk nach Hamburg.
Die auf drei Ebenen begehbare Skulptur ist mit gelochtem Messing verkleidet.
Das ungewöhnliche Denkmal ist ganze elf Meter hoch und 16 Meter lang.
Entenwerder 1
de-de.facebook.com/entenwerder1

ANNE & STEFAN LEMCKE VON »ANKERKRAUT«

Gewürze sind ihre Passion

SEIT JEHER DUFTETE HAMBURG NACH DER GROSSEN, WEITEN WELT. Schiffe brachten kostbare Fracht aus fernen Ländern in die Hansestadt, die mit der Speicherstadt zum bedeutendsten Umschlagplatz des Deutschen Reichs wurde. Kaffee, Tee, aber auch Gewürze sind untrennbar mit diesem architektonisch wertvollen Ensemble verbunden. Ihm wollte der Hamburger Stefan Lemcke mit »Ankerkraut« ein Denkmal setzen. Er hat seine Gewürzmanufaktur erfolgreich etabliert und inzwischen 200 Mischungen kreiert. Den Grundstein für seine Leidenschaft legte ein pakistanischer Koch in Tansania, wie er uns im Gespräch mit ihm und Ehefrau Anne verrät.

Stefan, bevor du Gewürzmischer wurdest, hast du dein Geld auf eine Weise verdient, die nicht gerade zur sinnlichsten gehört …

Stefan (lacht) Stimmt. Ich bin Programmierer und habe mich mit Online-Handel beschäftigt, als der noch in den Kinderschuhen steckte. Ich war also fast ausschließlich digital unterwegs. Als ich dann Anne kennenlernte, habe ich ihr gesagt: Ich will endlich mal etwas tun, das man anfassen kann. Etwas, von dem ich abends sagen kann: Guck mal, das habe ich heute gemacht.

Andere Leute legen sich in solchen Fällen ein Hobby wie Laubsägen oder Ähnliches zu. Wie bist du auf Gewürze gekommen?

Stefan: Na, weil ich leidenschaftlich gern koche! Und zwar schon von Kindesbeinen an. Ich bin in Tansania aufgewachsen. Da hatten wir einen Koch, der in einem pakistanischen Restaurant gelernt hatte. Ich war ein Knirps von fünf oder sechs Jahren. Und weil ich nichts anderes zu tun hatte, ging ich mit ihm auf den Markt. Danach zeigte er mir, wie man Currys zubereitet – ohne auf fertige Gewürzmischungen zurückzugreifen. Für mich war das wie Zauberei. Ich wollte selbst mal Koch werden, habe mir das aber nach einem Praktikum in einer Großküche ganz schnell anders überlegt. Kochen und Koch sein ist eben doch ein Unterschied.

Die Speicherstadt hat für Hamburg eine besondere Bedeutung …

Stefan: Ja, die Fleete wurden gebaut, um gleich mehrere Wasserfronten zu bieten, damit die Schiffe von der einen Seite zum Entladen von Gewürzen, Kaffee, Tee und Salz heranfahren und die Karren auf der Straßenseite die Waren abtransportieren konnten.

Anne: Diese Zeiten sind leider schon lange vorbei. Heute sitzen in den tollen Gebäuden Rechtsanwälte, Werbeagenturen und Unternehmensberatungen. Wir würden auch gerne dorthin, aber leider sind uns die Flächen zu teuer.

Was macht eure Ankerkräuter so besonders?

Stefan: Wir kaufen unsere Rohstoffe gezielt ein – tatsächlich nach dem Prinzip: Die besten sind gerade gut genug für uns. Der Pfeffer etwa, den wir weiterverarbeiten, ist im Einkauf ungefähr doppelt so teuer wie gängige Ware.

Gibt es auch mal Lieferengpässe?

Anne: Ja. Zum Beispiel mit Vanille, sie kostet pro Kilogramm um 1000 Euro. Aus Peru kann man Schoten bekommen, aber die Qualität genügt uns nicht, weil Boden, Klima und Anbauweise nicht unseren Vorstellungen entsprechen. Also verbrauchen wir unsere Vorräte. Wenn auch dann nichts verfügbar ist, stellen wir unsere Produkte ein, bis sich die Lage wieder entspannt.

Auf welches deiner Gewürze bist du besonders stolz?

Stefan: Auf meinen Chili-con-Carne-Mix, da sind 18 Zutaten drin. Und die »Pfeffer Symphonie« mit bis zu neun unterschiedlichen Pfefferarten.

Was ist das Geheimnis eines runden Gewürzgeschmacks?

Stefan: Man darf die einzelnen Zutaten nicht herausschmecken. Dabei geht es meistens um ganz feine Nuancen. Wenn die nicht ausgewogen sind, ist es, als würde jemand in einem Orchester einen schiefen Ton spielen.

Was ist typisch hamburgisch?

Stefan: Reeperbahn, Elbe, Alster. Und natürlich die Speicherstadt. Die multikulturelle Lebendigkeit auf dem Kiez und in der Schanze. Und der Hamburger Handschlag, der hier noch etwas gilt und sogar vor Gericht gültig ist.

Verratet ihr mir euren ultimativen Restaurant-Tipp?

Stefan & Anne: Auf Platz 1 ganz klar: Erikas Eck, gleich neben dem Schlachthof. Da gibt es seit 40 Jahren praktisch rund um die Uhr deftiges, ehrliches Essen – nicht nur Fleisch, sondern auch Matjes und Vegetarisches (*www.erikas-eck.de*). Dann die [m]eatery, ein tolles Steakhouse in der City (*www.hamburg.meatery.de*). Wenn's schicker sein soll, das EAST auf St. Pauli (*www.east-hamburg.de*).

Was zeigt ihr Besuchern?

Stefan: Eine Hafenrundfahrt durch die Speicherstadt ist ein Muss, danach gibt's ein Fischbrötchen auf die Hand – und wenn die Zeit noch reicht, geht's in das Gewürzmuseum (S. 20).

15 – Ankerkraut *ist online oder in ausgewählten Shops erhältlich*
www.ankerkraut.de

GEFO

ZWISCHEN STROM UND BINNENWASSER:

ALT- & NEUSTADT

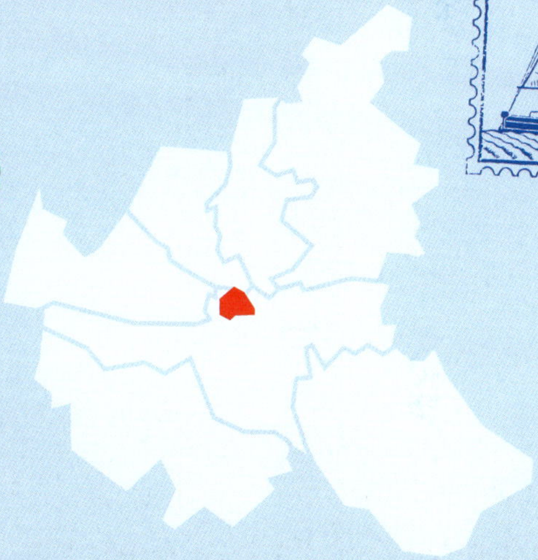

Hamburgs Herz auf festem Grund ist nicht denkbar ohne den Großen Brand von 1842. Vier Tage lang hatte ein Feuer gewütet, das große Teile der Altstadt zerstörte. Aber wie alle Schicksalstage in der langen Geschichte führte auch dieses dramatische Ereignis dazu, dass die Stadt zwischen Elbe und Alster nur noch schöner wurde. Am Sonntag führten die wohlhabenden Familien ihre unverheirateten Töchter auf dem Jungfernstieg aus. Und in der Neustadt, die älter ist, als sie klingt, siedeln sich lauter kreative Läden an, die ihren Weg in die bürgerliche Existenz bereits gefunden haben.

Shops

3 Sautter & Lackmann
6 Frohstoff
8 Maison F.
10 Trippen c/o Schockmann
11 Secondella
13 Oschätzchen
14 Thomas i-Punkt
16 Rudolf Beaufays
18 Papier und Feder
19 Perle

Café

2 Nord Coast Coffee Roastery
7 Hej Papa
17 Wohnhalle im Hotel Vier Jahreszeiten

Essen

1 Ti Breizh
9 Café Paris

Kunst & Kultur

4 Galerie Karin Günther
5 St. Michaelis

Ausgehen

12 DIE BANK

Hotel

15 Hotel Henri

Außenalster
Esplanade
18
Kennedybrücke
Neuer Jungfernstieg
16
Büschstr
17
Binnenalster
Glockengießerwall
14
Poststr.
3
Jungfernstieg
Ballindamm
Ferdinandstraße
Raboisen
Rosenstraße
ße Bleichen
Neuer Wall
Alter Wall
Bergstraße
Barkhof
15
Rathausstraße
Steinstraße
9
Schauenburgerstraße
Großer Burstah
Domstraße
Brandswiete
Willy-Brandt-Straße
Willy-Brandt-Straße
Holzbrücke
Mattentwiete
Dovenfleet
2
1
Bei den Mühren

1 Ti Breizh

Krasser kann der Gegensatz kaum sein, wenn Sie die coole HafenCity verlassen und ins Herz des historischen Hamburgs vorstoßen. Hinter der barocken Fachwerkfassade von Nr. 39 versteckt sich das Haus der Bretagne. Im Souterrain geht es vorbei an einer Boutique mit maritimer Mode – immer der Nase nach. In der Crêperie werden köstliche Buchweizen-Galettes gebacken. Mein Favorit: mit Roquefort, Birne, Parmaschinken und Walnüssen, dazu ein bretonischer Apfelwein: délicieux! Im Sommer genieße ich die auf dem Ponton direkt am Nikolaifleet, wo sich einst der Hamburger Hafen befand.
Deichstr. 39, www.tibreizh.de

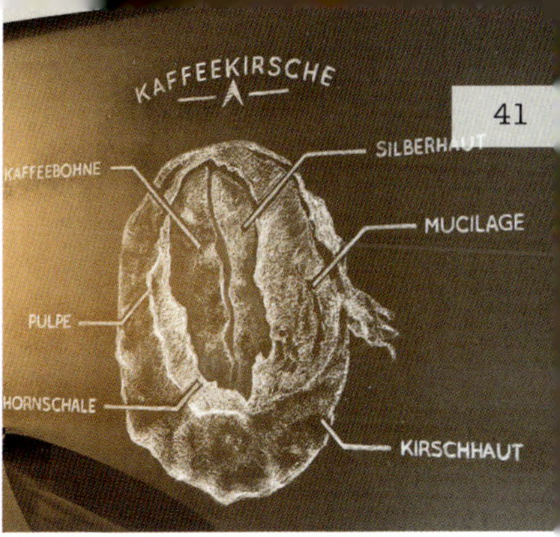

2 Nord Coast Coffee Roastery

Jörn Gorzolla und seine Partnerin Paula Mendes, Spross einer brasilianischen Kaffeebauernfamilie, haben es sich zur Aufgabe gemacht, jeder ihrer Kaffeesorten einen eigenen Charakter zu verleihen. Dafür achten sie beim Rösten ihrer nachhaltig angebauten und fair gehandelten Bohnen penibel auf jedes Detail: Stimmt die Temperatur? Wie lange braucht die Röstung? Wonach riecht es? Für Kaffeeliebhaber, die sich weniger gut auskennen, duftet es im reduziert holzmöblierten Coffeeshop immer himmlisch. Dazu gibt es belegte Panini, Waffeln und Frühstück.
Deichstr. 9, www.nordcoast-coffee.de

3 Sautter & Lackmann

Das Einzige, was in der alten Lagerhalle auf der Fleetinsel meist zu hören ist, ist das Umblättern der Seiten. Denn wer die Kunstbuchhandlung von Florian Sautter betritt, vergisst Zeit und Raum – und auch das Reden. Rund 50 000 Bände über Kunst, Architektur, Grafik- und Webdesign, Fotografie, Film, Mode und Kunsthandwerk füllen die meterhohen Regale. Wenn man da den Überblick verliert, sind hilfreiche Mitarbeiter zur Stelle. Und wer nach Ladenschluss weiter schmökern will, lässt sich bei Wein und Catering einfach »einBUCHten« (Mo–Fr 19.30–22 Uhr).
Admiralitätsstr. 71/72
www.sautter-lackmann.de

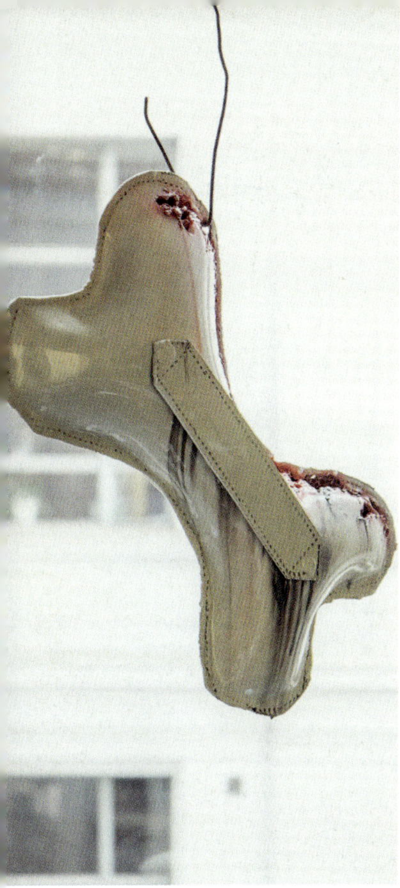

4 Galerie Karin Günther

Karin Günther ist eine feinfühlige und begabte Entdeckerin. In ihren Ausstellungsräumen auf der Fleetinsel präsentiert die Kunsthistorikerin Gegenwartskunst aus allen Medien: etwa Videos von Nina Könnemann, Fotografie von Dirk Stewen, Installationen von Janice Kerbel oder die konzeptuelle Malerei von Michael Bauch. Von ihr vertretene Künstler sind auf allen großen internationalen Ausstellungen, in Sammlungen und Museen zu finden. Aber es gelingt ihr immer wieder, auch junge Künstler in den Fokus zu rücken.

Admiralitätstr. 71/72
www.galerie-karin-guenther.de

5 St. Michaelis

Sorry, lieber Michel (wie der Volksmund dich nennt)! Dein gewaltiger Kirchturm, zu dem 453 Stufen hinaufführen, war das Erste und Letzte, was die Seeleute auf großer Fahrt sahen. Das machte dich zum Wahrzeichen der Elbmetropole. Doch nun scheint es so, als hätte die Elbphilharmonie dir den Rang abgelaufen. Tout Hambourg und Leute von anderswo pilgern in den Musentempel. Aber glaube mir, wenn es hart auf hart kommt, erinnern sie sich an dich: Von deinem Turm bietet sich – vor allem nachts – der ultimative Blick über die Hafenstadt. Und: Der Ort des Trostes und der Hoffnung bist und bleibst du.
Englische Planke 1, www.st-michaelis.de

6 Frohstoff

Die beigefarbenen Kacheln sind Relikte aus den 1930er-Jahren. Da wurden in dem Krämerladen noch Lebensmittel verkauft. Es gab auch sicher schon Geschirrhandtücher aus Leinen, aber die waren wahrscheinlich nicht so schön wie diese. Tiere, Pflanzen und Maritimes sorgen für gute Laune. Ob Brotbeutel, Servietten, Kissen oder ein Postkartengruß – alles, was die Manufaktur verlässt, ist selbst genäht oder per Hand vom Sieb gedruckt. Und weil dabei nur ökologisch vertretbare Materialien verwendet werden, nehmen wir guten Gewissens ein paar Souvenirs mit nach Hause.

Wexstr. 38, www.frohstoff.de

7 Hej Papa

Ein frischer Wind hat dieses skandinavisch-inspirierte Café in die Neustadt geweht. Dass es hier am Wochenende ein grandioses Frühstück mit Orangenquark, hausgemachtem Müsli, Käsevariationen, Schinken und Ei gibt, hat sich herumgesprochen. Die Portionen sind reichlich bemessen, das gilt auch für den täglich wechselnden – weitgehend fleischfreien – Mittagstisch, der in der offenen Küche zubereitet wird. Wer beispielsweise von den Rote-Bete-Knödeln mit Pfifferlingen oder der Brokkoli-Möhre-Paprika-Ziegenkäse-Tarte kosten möchte, dem sei geraten: früh kommen oder Geduld mitbringen!
Poolstr. 32, www.hej-papa.de

8 Maison F.

Fabelhafte Wesen bevölkern den exotischen, ein wenig geheimnisvollen Laden von Falk Pachulski: Affen tragen Lampenschirme, langarmige Kraken bewachen Keramiktöpfe, leuchtende Korallen blühen auf edlem Porzellan, dazwischen chinesische Deckelvasen und mit Achat-Scheiben belegte Boxen. Der Einrichter, der sich gerne auf seinen Reisen durch die Beneluxländer inspirieren lässt, war viele Jahre Merchandiser bei einem renommierten Juwelier. Das sieht man dem geschmackvollen Geschäft an. Mit so viel Fantasie, Geschmack und Liebe dekoriert – da finden Sie sicher ein einzigartiges Souvenir.
Poolstr. 32, www.maison-f.de

9 Café Paris

Eine der architektonischen Preziosen der Neustadt ist die ehemalige Schlachterei mit ihren grandiosen Jugendstil-Kacheln. Im Saal geht es so lebhaft zu wie in einem Pariser Hallenbistro. Vorzugsweise trifft man sich nahe dem Rathaus zum französischen Frühstück mit Croissants, Lachs und Crème fraîche oder mittags auf eine ausgezeichnete *Plat du jour*. Wer es stiller und gediegener mag, reserviert auf der Beletage und speist vor alten Buntglasfenstern. Wie nicht anders zu erwarten an einem Ort wie diesem: Das Steak Tartare ist *merveilleux*! Daran ändert auch der ruppige Ton des Servicepersonals nichts.
Rathausstr. 4, www.cafeparis.net

10 Trippen c/o Schockmann

In Hamburg liegt alles nah beieinander. Ausgiebige Shoppingtouren erledigen Sie daher am besten zu Fuß – und zwar vorzugsweise auf ultrabequemen, dabei möglichst avantgardistischen Schuhen. So etwas gibt's nicht? Und ob! Michael Schockmann, der auf gesunde Schuhe spezialisiert ist (Hohe Bleichen 7), hat dem design-prämierten Label Trippen einen kleinen Laden freigeräumt. Die Produzenten nehmen Umwelt und Nachhaltigkeit ernst: Ob Sohle, Schaft oder Futter, jede einzelne der strapazierfähigen Komponenten kann ausgetauscht werden.
Amelungstr. 5, www.schockmann-schuhe.de

11 Secondella

Zwei-, dreimal getragen und viel zu schade für den Container. Nur wohin mit der guten Garderobe? Marie-Louise Schaernack, einst internationales Model, eröffnete 1970 Deutschlands erste Secondhand-Boutique. Ihr Credo damals: *second hand, but first class*. Das gilt noch heute. Eine Tasche von Gucci, Schuhe von Prada und ein Vintage-Kleid von Missoni? Oder elegante Anzüge, Gürtel und lederne Accessoires für den Herrn? Alles, was in den beiden Geschäften auf Bügeln hängt, sieht aus wie nur einmal getragen. Wer eine große Schwäche hat für exklusive Labels, aber leider nur ein kleines Budget, wird hier bestimmt fündig.
Hohe Bleichen 5, www.secondella.de

12 DIE BANK

Wer weit herumgekommen ist wie Dirk van Haeften, mag in der Hansestadt etwas vermisst haben. Einen Ort, so elegant und großzügig wie das Balthazar in New York etwa. Ähnliches schwebte dem Banker vor, als er DIE BANK eröffnete, in der sich auch Karl Lagerfeld oder Prinzessin Máxima wie zu Hause fühlen. Aus der exzellenten Brasserieküche kommen Klassiker wie Steak Frites oder ein umwerfend köstliches Tuna-Sashimi. Die schönsten Plätze sind am Fenster – und meistens von Stammgästen besetzt. Also wandern wir erst mal auf einen Drink weiter in die Bar.
Hohe Bleichen 17
www.diebank-brasserie.de

13 Oschätzchen

Nächster Halt ist das Schlaraffenland von Peter Oschätzchen. Der heißt wirklich so. Der einer Gewürzdynastie entstammende Däne beweist ein feines Näschen und ebensolchen Gaumen für Delikatessen aus aller Welt. Hier finde ich immer etwas – für mich oder zum Verschenken. Sweeties mache ich glücklich mit Macarons oder schön verpackter Schokolade. Für Hobbyköche wähle ich zwischen edlen Essigen, Pestos, Olivenölen und dem Blattgold von Goldgourmet. Für jemand ganz Besonderen landet im Korb ein aromenreicher Mezcal Atenco.

Hohe Bleichen 26
www.oschaetzchen.com

14 Thomas i-Punkt

Mein erster OMEN-Pullover war aus schwarzer Schurwolle, ohne Bündchen oder Schnörkel. 15 Jahre lang habe ich ihn getragen. Trends kamen, verschwanden, nur er kam nie aus der Mode und geriet nie aus der Fasson. Zeitlosigkeit und unverwüstliche Qualität sind das Erfolgsgeheimnis von Thomas Friese, der sein Label Mitte der 1980er-Jahre kreierte und damit Schauspieler und Theaterleute begeisterte. In seinem Shop am Gänsemarkt mixt er sie zum Beispiel mit Comme des Garçons, American Vintage, Carhartt, Woolrich und lässiger Streetwear.

Gänsemarkt 24
www.thomasipunkt.de

15 Hotel Henri

Nach dem Aufstehen brauche ich erst mal einen Kaffee. In dem retrocharmanten Boutiquehotel steht eine Kapselmaschine auf dem Zimmer – perfekt! Das ist nicht der einzige Grund, hier eine Nacht (oder auch mehrere) zu verbringen. Der Service superfreundlich, der Stil entspannt, die Lage ruhig, obwohl es nur wenige Fußminuten bis zum Hauptbahnhof sind. Alles wirkt auf heimelige Weise *old fashioned,* das gilt auch für das üppige Frühstück. Vor dem Schlafengehen verabreden wir uns auf einen Schlummertrunk an der Bar und sagen dann erst »Gute Nacht«.

Bugenhagenstr. 21
www.henri-hotel.com

16 Rudolf Beaufays

Wenn Rudolf Beaufays in meinem früheren »Wohnzimmer« (*www.cuneo1905.de*) auftrat, umwehte ihn stets ein Hauch von Oscar Wilde. Das lag an der Art, wie er dasaß und rauchte – elegant und so herrlich elegisch. Und an seinem unverwechselbaren Kleidungsstil. Mit den Hanseaten teilt er seine Vorliebe für britische Schneiderkunst. Weil die nicht für jeden erschwinglich ist, ist sie in seinem Ladengeschäft secondhand zu finden: Florentiner Hüte, Knickerbockers, Schottenröcke, Hausmäntel aus Samt, Jackets aus Tweed, Kaschmir oder anderem feinen Tuch. Und ja, auch knallige Cordhosen!

Büschstr. 9, www.rudolf-beaufays.de

17 Wohnhalle im Hotel Vier Jahreszeiten

Da wir gerade bei *very british* Gepflogenheiten sind: Unvergessen ist die Einladung zum *Afternoon Tea* in Hamburgs traditionsreichstem Grandhotel: Wir sitzen in der Wohnhalle, die wie aus der Zeit gefallen anmutet. Zwischen mächtigen Säulen sinken wir unter Kristalllüstern in Fauteuils. Draußen mag es noch so laut sein, hier drinnen ist kaum mehr zu hören als das Knistern des Kamins. Zum erlesenen Tee werden *scones* mit *clotted cream* und Konfitüre serviert, dazu Finger-Sandwiches mit Räucherlachs und Avocado, Roastbeef und Trüffelremoulade, Schinken und Käse.
Neuer Jungfernstieg 9–14, www.hvj.de

18 Papier und Feder

Ich habe tatsächlich schon ein kleines Vermögen ausgegeben für Briefpapier, Karten, Kistchen und Schreibgeräte. Egal wo ich bin, zieht es mich dorthin, wo ich meine Lust auf Papeterie befriedigen kann. Rea Ortmanns wunderbarer Laden gehört definitiv dazu! Zwischen handgeschöpften Papieren mit eleganten Stahlstichmotiven und ungewöhnlichen Grußkarten, wie jenen mit ebenso schlichten wie originellen Hamburg-Motiven (von der Ladeninhaberin selbst gedruckt) und den tollen Armbänder aus originalen Schreibmaschinentasten, fällt die Wahl diesmal besonders schwer.

Colonnaden 108/Ecke Esplanade
www.papierundfeder.com

CARAN d'ACHE

IN HAMBURG
SAGT MAN
'tschüß

SABINE BRANDT UND IHRE »PERLE«

Alte Ideen im neuen Gewand

JA, NATÜRLICH HAT SABINE BRANDT SCHLICHTE BRANDS, wie Hamburger sie lieben: schöne Sachen in Grau, Blau und Beige. Echte Entdeckungen in der »Perle« machen Sie aber zwischen den Statement-Mustern und -farben, die den Concept-Store am Großneumarkt dominieren. Das zwischen Innenstadt, Hafen und Planten und Blomen verortete Quartier hat sich in den vergangenen Jahren neu erfunden. Für die gebürtige Hessin Sabine Brandt, die eine Schwäche für alte Ideen im neuen Gewand hat, der perfekte Ort für ihre extraordinären Labels und Accessoires.

Sabine, wie bist du auf die Idee des Concept-Stores gekommen?
Studiert habe ich Modedesign, und zwar von der Gestaltung über die Fertigung bis zum Vertrieb. Aber meine Vorliebe hat sich nicht ausschließlich auf Mode konzentriert, sondern auf alle Bereiche, in denen Design eine Rolle spielt. Da war ein eigener Laden die logische Konsequenz.

Der heißt »Perle«. Warum?
Wenn ich Sachen aussuche, die ich hier anbiete, bin ich sehr »picky«, weil ich Wert darauf lege, dass sonst niemand in der Stadt sie hat. So kam es auch zu dem Namen: Ich möchte die Perle unter allen Produkten finden.

Wo entdeckst du deine »Perlen«?
Am liebsten physisch. Auf Reisen, also in der nicht virtuellen Welt. Ich lasse mich zum Beispiel beim Bummel durch die Gassen von Paris oder Mailand inspirieren. Mittlerweile wird mir bei diesen Entdeckungen immer wichtiger, dass die Sachen unter guten Bedingungen produziert werden. Ich würde hier also keine Firma aufnehmen, die in Bangladesch produziert. Am schönsten für mich ist, wenn ich über die Produkte eine Geschichte erzählen kann.

Was für Geschichten sind das?
Ich mag die Firma F. Hammann. Das ist die älteste deutsche Ledermanufaktur. Die gibt es seit 1864, bis heute ist sie ein Familienunternehmen. Der Juniorchef kommt selbst vorbei, um die Kollektion vorzustellen, etwa diese tollen Kulturtaschen. Er macht sich von der Form bis zum Reißverschluss so viele Gedanken über jedes Detail – davon bin ich immer ganz hingerissen!

Welche Teile zeigst du deinen Kunden besonders gerne?
(Lacht) Alles! Und mein derzeitiges Lieblingslabel A Kind of Guise aus München. Die stecken ihr Geld nicht in Werbung, sondern in gute Rohstoffe und Produktionsmethoden: Sie kaufen ihre Stoffe in Italien, der Schweiz, Großbritannien oder Österreich und lassen konsequent in Deutschland fertigen. Das Ergebnis ist eine tolle Qualität, super Prints und die perfekte Verarbeitung. So etwas ist sehr selten geworden.

Der zwischenzeitlich verschlafene Großneumarkt scheint ein kleines Revival zu erleben …
Das ist ja auch ein absolutes Kleinod zwischen Innenstadt und Hafen! Zwei Jahre bin ich hier rumgeschlichen und träumte davon, meinen Laden direkt hier am Platz zu haben. Dann konnte ich vor vier Jahren aus der Schanze her ziehen, als Herr von Eden (S. 132) sein Atelier geschlossen hat. Noch sind die Mieten hier bezahlbar, deshalb lassen sich in diesem Viertel auch kreative Läden nieder. Ich hoffe, das bleibt so.

Stell dir typische HamburgerInnen vor … Was siehst du?
Sie lieben Sachen wie das französische Label A.P.C. – sehr klassisch mit einem

leichten Twist ins Moderne, aber davon nicht zu viel. Trotzdem versuche ich, ihnen immer wieder mal ein paar Nischen zu zeigen. Zum Beispiel die etwas verrücktere Kollektion des Dänen Henrik Vibskov. Der ist auch Künstler, macht Kunstprojekte und Theaterkostüme. Das funktioniert tatsächlich – sogar bei waschechten Hanseaten.

Was verbindet du mit Hamburg?

Den Hafen, der die Reiselust prägt. Gedecktes Dunkelblau »mit nicht zu viel drauf«. Und Franzbrötchen, dieses urhamburgische Gebäck – meine hier geborene Tochter steht total darauf.

Deine Lieblingsecke?

Das Café Johanna am Venusberg (*www.cafejohanna.de*). In dem süßen, kleinen Deli Vu kocht die Mama des Betreibers die beste vietnamesische Suppe (Kleine Freiheit 68). Und im Restaurant FuH in Ottensen geht es entspannt und regional zu – bei super leckerem Essen und tollem Wein (*www.restaurant-fuh.de*).

Und wenn du draußen bist?

Da, wo ich wohne: an den Landungsbrücken. Und Plätze, an denen sich noch freie Kultur entfalten kann, wie das Gängeviertel (*www.das-gaengeviertel.info*) und die Hafenstraße (S. 83). Wenn ich im Park Fiction* sitze und auf den Hafen runtergucke, gibt's für mich nichts Schöneres. Aber diese Orte werden leider immer weniger, dabei machen auch gerade sie den Charme Hamburgs aus.

** Die Parkanlage oberhalb der Hafenstraße ist Ausdruck des St. Paulianer Widerstands gegen die Gentrifizierung des Stadtviertels.*

19 – Perle | Großneumarkt 22
www.perlestore.com

Schmidt
ASTRA

SEEMANNSLUST UND ARBEITERQUARTIERE:

ST. PAULI & ALTONA-OTTENSEN

Der Kiez rund um die Reeperbahn war lange Zeit das Rotlichtviertel, in dem jedermann nur das Eine wollte: Sex und Spaß. Noch immer blinken rote Lichter, doch als »sündig« kann man die Amüsiermeile nach heutigen Maßstäben bestenfalls noch in der Herbertstraße oder den einschlägigen Etablissements bezeichnen. Auf der Reeperbahn gibt's wilde Ecken, stille Plätze und viel Musik – in den Musical-Spielstätten wie dem Operettenhaus (*www.stage-entertainment.de*) oder Schmidt's Tivoli (*www.tivoli.de*), in dem das St. Pauli-Musical *Heiße Ecke* zum Standardrepertoire gehört. Genauso bunt, wenngleich authentischer, geht es im früheren Arbeiterviertel Altona-Ottensen zu, dem *Melting Pot* der Kulturen.

Shops

1 Die Älteste
3 Musswessels
16 Bonscheladen
17 Wohngeschwister
18 Gin Sul
21 Hamburg's kleinstes Kaufhaus
24 Adler Altona
25 TIDE

Markt

9 St. Pauli Nachtmarkt

Café

10 Café Schmidt
12 Strandperle
19 Torrefaktum

Essen

5 Mexiko Straße
7 Haco
14 Zur Traube
15 Teufels Küche
23 Eisenstein

Kunst & Kultur

8 Alter Elbtunnel
11 Hafenstraße
13 Altonaer Balkon
20 Fabrik

Ausgehen

2 Mojo Club & Jazz Café
4 20 up
6 St. Pauli Theater

Hotel

22 Gastwerk

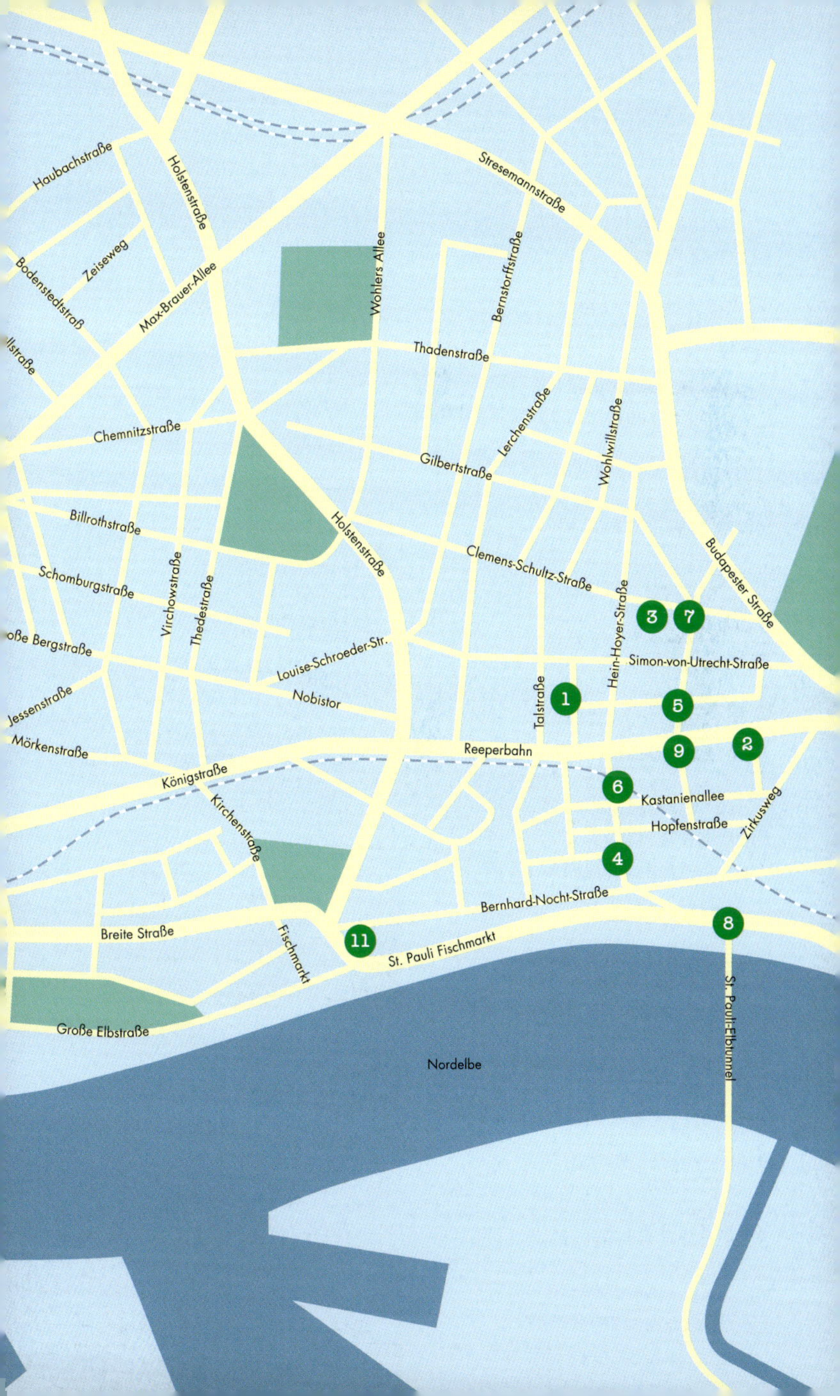
Haubachstraße
Holstenstraße
Zeiseweg
Max-Brauer-Allee
Wohlers Allee
Stresemannstraße
Bernstorffstraße
Thadenstraße
Lerchenstraße
Chemnitzstraße
Gilbertstraße
Wohlwillstraße
Billrothstraße
Holstenstraße
Clemens-Schultz-Straße
Budapester Straße
Schomburgstraße
Virchowstraße
Thedestraße
Hein-Hoyer-Straße
Louise-Schroeder-Str.
Simon-von-Utrecht-Straße
Talstraße
Nobistor
Jessenstraße
Mörkenstraße
Reeperbahn
Königstraße
Kastanienallee
Kirchenstraße
Hopfenstraße
Zirkusweg
Bernhard-Nocht-Straße
Breite Straße
Fischmarkt
St. Pauli Fischmarkt
St. Pauli-Elbtunnel
Große Elbstraße
Nordelbe
1
2
3
4
5
6
7
8
9
11

1 Die Älteste

Tattoos sind maritime Souvenirs, mit denen sich Matrosen gerne schmückten. Früher wurden sie mit so dicken Nadeln gestochen, dass nur echte Seebären den Schmerz ertrugen. In Deutschlands ältester Tätowierstube pikst es aber nur noch ein bisschen. Zwar lautet die Parole: entweder richtig oder gar nicht. Aber ein Ankerherz stechen die Tattoo-Künstler nach eingehender Beratung (ohne Voranmeldung) dann doch. Nur 17-Jährige, die ein *Justin forever* haben wollen, werden nach Hause geschickt.« Für das »richtige« Schmuckstück einige Stunden einplanen. Rechtzeitig einen Termin sichern!
Hamburger Berg 8, www.die-aelteste.de

2 Mojo Club & Jazz Café

Ob die Tanzenden Türme des Stararchitekten Hadi Teherani, direkt am Eingang zur »sündigen Meile«, ein architektonisches Juwel sind, darüber kann man streiten. Aber eines tröstet: Der legendäre Club, der den Dancefloor Jazz in der Stadt bekannt machte, durfte hier wieder einziehen. Futuristisch anmutend und schicker als der alte wird im Mojo nun unterirdisch gefeiert – bei Konzerten oder zum Sound von DJ Master Quest, Suro oder Oliver Korthals. In dem zum Spielbudenplatz hin gelegenen Jazz Café geht es bei einem Bier oder Drink gediegener zu.
Reeperbahn 1, www.mojo.de

3 Musswessels

Klare Schnitte aus feinem Tuch, zumeist in gedeckten Farben, dazu individuelle Akzente in kräftigem Pink, Rot oder leuchtendem Messing. Das ist der Stil von Kathrin Musswessels. Mitten auf dem Kiez hat sie nach ihrem Modedesignstudium und beruflichen Stationen bei Marc Aurel und Herrn von Eden (S. 132) ihren eigenen Shop eröffnet. Hinten das Atelier, vorne die Boutique, in der sie ihr Label und umgearbeitete Vintage-Stücke präsentiert. Eine Auswahl eleganter Accessoires komplettieren den von ihr favorisierten Boheme-Look.

Clemens-Schultz-Str. 29
www.musswessels.org

4 20 up

Zur blauen Stunde ein Muss! Die Skyline-Bar im 20. Stock des Empire Riverside Hotels bietet einen spektakulären Blick aus der Vogelperspektive. Es ist nicht ganz einfach, einen Platz am 20 Meter langen Tresen zu ergattern – und auch nicht an der komplett verglasten Panoramafassade (nur für Schwindelfreie!). Aber wenn Sie bei einem Champagner-Cocktail zusehen, wie die Lichter am Himmel langsam aus- und die Lichter der Stadt angehen und sich die gerade eben noch silbrige Elbe zu einem Meer aus goldenen Reflexen wandelt, wird klar, warum Hamburg die schönste Stadt Deutschlands ist.

Bernhard-Nocht-Str. 97, www.bar-20up.de

5 Mexiko Straße

Heute gibt es in der vergnügt bunten Taqueria *Tostadas de Chapulines* und *Tuétano*. Was das ist? Nicht fragen, einfach probieren! Ansonsten entgehen Ihnen die Spezialitäten der authentischen Küche Mexikos. Mit dieser will uns Miguel Zaldívar bekannt machen. Das gelingt ihm und seinem Team auf so sympathische Weise, dass man ihren Empfehlungen blind vertraut. Die *Ceviches* und *Guacamoles* köstlich, die – auch veganen – *Tacos* umwerfend. Mein Favorit: die mit schwarzen Bohnen und Kochbanane, nach einem Rezept von Miguels Mama.

Detlev-Bremer-Str. 43

www.mexikostrasse.com

Sol
#MEXIKOSTR

6 St. Pauli Theater

In der Davidstraße flanieren die leichten Mädchen, nebenan werden Betrunkene auf der Davidwache in Gewahrsam genommen. Wie besteht man als ältestes Theater des Landes zwischen Amüsiermeile und Polizeistation? Mit einem robust-unterhaltsamen und dabei intelligenten Programm wie am Broadway oder West End! Früher wie heute behauptet sich das prachtvolle und liebenswerte Kleinod auch nach mehr als 175 Jahren als international beachtete Spielstätte für Kammerstücke, Revuen, Cabaret & Comedy. Der Besuch lohnt sich!

Spielbudenplatz 29
www.st-pauli-theater.de

7 Haco

Fine-Dining auf dem Kiez? Björn Juhnke hat es gewagt. Der kulinarische Radar des ambitionierten Teams erstreckt sich vom Baltikum über Skandinavien bis nach Island. Als Vorspeise verlockt uns beim Lunch zum Beispiel Grünkohl mit Walnüssen und Kräutern. Zum Dinner gibt es Veggie-Menüs mit Gerstenrisotto, Rübchen oder Pastinaken. Die Speisekarte wechselt nach dem Angebot der regionalen Erzeuger. Und wenn das Bio-Hähnchen »aus« ist, ist es eben aus. Erholsam schnörkellos und konsequent – zu sehr moderaten Preisen. Experiment gelungen!

Clemens-Schultz-Str. 18
www.restaurant-haco.com

8 Alter Elbtunnel

Dieses maritime Wahrzeichen liegt 24 Meter unterhalb der Elbe. Vor gerade mal 100 Jahren wurde der St.Pauli-Elbtunnel, durch den die Hafenarbeiter von Steinwerder bis zu den St. Pauli-Landungsbrücken gelangten, noch als technische Sensation gefeiert. Heute weht durch die beiden Röhren, die von Film- und Fernsehmachern gern als Drehort genutzt werden, ein Hauch von Nostalgie. Wer sich vor oder nach der Club-Tour abseilen lässt und die kurzen 426,5 Meter zu Fuß oder per Rad zurücklegt (kostenlos!), wird mit einem tollen Blick auf die beleuchtete Skyline belohnt.

Bei den St. Pauli-Landungsbrücken 8
www.hamburg-port-authority.de

9 St. Pauli Nachtmarkt

Einmal pro Woche verwandelt sich der Spielbudenplatz zum After-Work-Mekka für Genießer. Regionale Erzeuger bauen ihre Stände mit Gemüse, Fleisch- und Milchprodukten auf, dazwischen nisten Street-Food-Trucker. Anwohner und Besucher tafeln unter freiem Himmel und lassen sich so in die Nacht hineintreiben. Der St. Pauli Nachtmarkt öffnet immer mittwochs, April–Sept. 16–23 Uhr, Okt.–März 16–22 Uhr; Termine siehe Homepage. Wer das volle Genusserlebnis buchen will, schließt sich Thomas Sampl bei »Smutje's Landgang« an (S. 102).

Spielbudenplatz 8
www.spielbudenplatz.eu

1826m
FREIHAFEN
5413 m Oldtimer Tanke
ILLERNTOR 404m
348 REEPERBAHN
UNDER
940 m
BACKBORD 155 m
111m KORALLE
DAS GÄNGE 1/4...
1892
immiës
Freudenhaus
KUNSTKOMBINAT
3000meter
ADF
KINGDRIPS
350 meter
WEG BASSEN!!
REBELZER'S
FLAGSCHIFFLADEN
NEIN!

10 Café Schmidt

Zwischen Fischereirestaurants und Feinschmeckermärkten hat sich dieses charmante Café einquartiert, dessen hauseigene Kaffeemarke »Waterkant« heißt. In der gläsernen Bäckerei werden die mehrfach ausgezeichneten Tartelettes, Kuchen, Torten und Quiches zubereitet. Rundum glücklich werde ich beim Frühstück mit selbst gebackenen Broten des Hauses. Kein Wunder, denn bei Schmidt & Schmidtchen schmeckt Norddeutschlands erster Brotsommelier heraus, ob der Salzanteil 1,8 oder 1,9 Prozent beträgt. Unbedingt ein Ankerbrot mitnehmen!
Große Elbstr. 212
www.schmidt-und-schmidtchen.de

11 Hafenstraße

Inmitten der Schuppen an der Wasserkante zwischen Reeperbahn und Landungsbrücken trotzen ein paar Häuser mit bunten Parolen dem Wohlstandsgeist. 1981 hatte die schleichende Besetzung der zwölf seinerzeit als baufällig eingestuften Gründerzeithäuser begonnen. Der Kampf um den Erhalt der Häuser trug viele Jahre bürgerkriegsähnliche Züge und lehrte Hanseaten wie Touristen das Fürchten – bis die Besetzung quasi legalisiert wurde und die Gebäude in eine Genossenschaft überführt wurden. Heute ist es hier ruhig geworden. Doch der Widerstand lebt weiter.
Ecke St. Pauli Hafenstraße und Bernhard-Nocht-Straße

12 Strandperle

Die Füße im Sand, den Blick wahlweise in den sternenbestickten Himmel oder auf die Elbe gerichtet. An einem lauen Sommerabend wie diesem bekam ich hier meinen ersten Seuten* in Hamburg. Die Strandperle ist eine Institution. Und die Bude so klein, dass man sich wundert, wie das Team den Ansturm der Gäste so gut gelaunt bewältigt und ein respektables Angebot vom Frühstück bis zum Matjes serviert. Ein schöner Ort, an dem man sich auch nach einem langen Winterspaziergang aufwärmen kann.

* Seuten – heißt »Kuss« oder »Süße/r«.

Övelgönne 60

www.strandperle-hamburg.de

13 Altonaer Balkon

Als ich noch in Ottensen wohnte, bin ich abends öfter auf den Altonaer Balkon gestiegen. Vom Fischereihafen aus geht es über eine Treppe rechts vom Café Schmidt (S. 82) hoch, dann steht man in einem lang gestreckten Park zwischen dem Altonaer Fischmarkt und dem Elbufer-wanderweg. Auf Höhe des Altonaer Rathauses genießt man den Blick auf die Köhlbrandbrücke, die Wilhelmsburg mit der Autobahn A 7 verbindet, auf den gläsernen Bug des Docklands (auch ein Hadi-Teherani-Bau) und die Millionen Lichter dieser Stadt. Hier kann man den Tag sehr romantisch Revue passieren lassen.

Palmaille 79

14 Zur Traube

Sie leuchtet im Gassengewirr wie ein Zunftzeichen und gehört zu Ottensen wie Schiffe auf die Elbe. Seit 1919 hockt man an kleinen ovalen Holztischen, die Wände sind getäfelt mit Schnitzereien aus den 1920er-Jahren. Klingt altbacken? Eher urgemütlich und liebenswert! In der Stube und im hell gestalteten Restaurant darüber wird gute Küche serviert. Dazu eine unfassbare Auswahl an exzellenten Weinen. Die fabelhafte bretonische Fischsuppe bestelle ich gerne als Hauptgang. Oder die Variationen des Hauses mit der völlig zu Unrecht vergessenen Königinnenpastete.
Karl-Theodor-Str. 4
www.zur-traube-hamburg.de

15 Teufels Küche

Lange mussten die Fans von Shahram Nia warten, bis er wieder geeignete Räume fand. Der »Gourmet-Imbiss« des Persers befindet sich jetzt in einer ehemaligen Schlachterei. Als historisches Zitat hängen alte Schlachtermesser an bunt gekachelten Wänden. Aus der offenen Küche kommt ein eklektischer internationaler Mix, etwa Wokgemüse mit Nudeln, Erdnuss- und Orangensauce oder karibische Fischbällchen. Mich begeistert der auf den Punkt gebratene Thunfisch-Burger – und das supernette Personal. Ein sehr entspannter Flecken!

Keplerstr. 18

www.teufelskueche-hamburg.de

16 Bonscheladen

Meine Kindheit schmeckte nach Sahnebonschen – aus Zucker und Kondensmilch selbst gerührt. In der heimischen Küche haben auch diese Bonbonmacher angefangen. Ihre Sahneteile schmecken definitiv besser! Aus allerbesten Zutaten fertigen sie noch andere fantasievolle Kreationen, die alle mal gelutscht werden wollen. Zugucken bei einem Bonsche-Werdungsprozess kann man auch. Meine süße Belohnung, wenn ich das Zuckerparadies wieder verlasse: Sorten mit Ingwer oder Mocca. Und als Souvenir die Hafenbonsche mit einem Ankerherz.

Friedensallee 12

www.bonscheladen.de

17 Wohngeschwister

Skandinavien lässt grüßen – die in grafischen Mustern handbedruckten Kissen von Ferm Living werden mit von der Natur inspirierten Serax-Vasen, Colour-Blocked-Wolldecken von Røros Tweed und den Lampenschirmen von Vita Copenhagen in stimmigen Raumkonzepten präsentiert. Alles zu sehr moderaten Preisen. Die ausladenden, gemütlichen Sitzlandschaften oder Sessel zum Abhängen passen zwar nicht in die Einkaufstasche, aber für das dekorative Leuchtmittel von Plumen, das über dem Küchentisch hängen soll, finde ich bestimmt noch ein sicheres Plätzchen.
Bahrenfelder Str. 138
www.wohngeschwister.de

18 Gin Sul

Sobald an der Südwestküste Portugals die Lack-Zistrose »weint«, wird sie geerntet. Das harzige Öl ihrer Blätter ist eines der Geschmacksgeheimnisse des portugiesischen Gins, der in Hamburg destilliert wird. Entdeckt hatte Stephan Garbes das neben Wacholder blühende Aromawunder per Zufgall. Der Ex-Werber begrub seinen Aussteigertraum und gründete eine Destillerie in seiner Heimatstadt. Seither betört der Duft gebrannten Wacholders, Rosmarin und Zitrone die Nasen, und der frische Geschmack berauscht all jene, die Gin-Kultur für sich entdecken wollen.

Bahrenfelder Steindamm 2
www.gin-sul.de

GIN SUL

19 Torrefaktum

Manche behaupten, hier gebe es den besten Kaffee der Stadt. Einen sehr feinen röstet Matthias Afken in der Bio-Rösterei allemal. Die ausgewogenen Ergebnisse schmecken mal schokoladig, auch nussig oder zitrisch. Welche der Sorten, die sich »Lucky in the sky«, »Wake up little Lucy« oder »Daisies & Dandies« nennen, Sie mit nach Hause nehmen möchten, lässt sich in skandinavischen Sesseln versunken an rustikalen Holztischen oder an der Kaffeebar herausfinden. Reinschnuppern in das Rösthandwerk können Sie bei einem der Seminare (Dauer: 1,5 Stunden).

Bahrenfelder Str. 237
www.torrefaktum.de

20 Fabrik

Musik, Literatur, Politik, Diskussionen und Unterhaltung für Kinder, Jugendliche und Erwachsene – das gab es schon 1971 im ersten Kultur- und Kommunikationszentrum Deutschlands. So ist es noch heute. Neben der intensiven Stadtteilarbeit wird in dem kirchenschiffartigen Inneren mit den umlaufenden Galerien auch gefeiert: bei Jazz, Blues und Rock und bei den Ü40-Tanznächten Sex & Drugs & Rock & Roll an jedem ersten Samstag im Monat. Welche Rolle der zum Motto erhobene Songtitel von Ian Dury dabei spielt? Von Sex & Drugs habe ich nichts mitbekommen. Aber es rockt – versprochen!

Barnerstr. 36, www.fabrik.de

21 Hamburg's kleinstes Kaufhaus

Was andere nicht mehr brauchen, findet bei Jürgen Behrmann Platz. Aus Haushaltsauflösungen hat er ein kleines Wunderland mit Nützlichem und Liebenswertem aus vergangenen Tagen geschaffen. Zum kleinen Preis ist hier wirklich (fast) alles zu finden – von der Garnrolle über Messingteile und handbestickte Tischdecken bis zu herrlich altmodischen Wäschetruhen. Von der Decke hängen Lampen in allen Größen und Stilen. Neulich habe ich dort auf Trüffelsuche eine Emaillekasserole entdeckt und mitgenommen.

Bahrenfelder Str. 207
www.hamburgs-kleinstes-kaufhaus.de

22 Gastwerk

Lange bevor Design-Hotels wie Pilze aus dem Boden schossen, war das Gastwerk da und beeindruckte die Hanseaten mit seinem exzeptionellen Stil. Wo früher die Kohle für das heute denkmalgeschützte Gaswerk-Areal lagerte, wurde die Backsteinfassade so raffiniert geöffnet, dass die Lobby von Tageslicht durchflutet wird. Frei schwebende Brücken in dem monumentalen Bau führen zu den Zimmern, in denen der raue Charakter des Industriebaus mit zeitloser Eleganz verschmilzt. Von erlesenem Ambiente ist auch das Spa geprägt.

Beim Alten Gaswerk 3
www.gastwerk.com

23 Eisenstein

Dieser Ort ist für vieles zu loben. Etwa für die Kunst, Fisch so zuzubereiten, dass er weder zu trocken noch zu glasig ist. Oder für das von gerösteten Kapernäpfeln gekrönte Vitello Tonnato, das auf der Zunge zergeht und bei dem nicht mit Pfeffer-Thunfisch-Creme gegeizt wird. Aber wenn ich in dem Restaurant der Zeisehallen, einer alten Schiffsschraubenfabrik, zwischen unverputzten Wänden sitze, bestelle ich meistens doch die holzofengebackene Pizza, die nirgendwo besser zu bekommen ist. Mein Favorit: »Helsinki« mit Graved Lachs, Crème fraîche und Zwiebeln.

Friedensallee 9

www.restaurant-eisenstein.de

24 Adler Altona

Diese Pullover! Ohne Bündchen, ohne Schnickschnack. Gestrickt aus bester Schurwolle, gefertigt in einer norddeutschen Strickmanufaktur nach Christian Adlers Entwürfen. Gemacht sind sie für Männer. Aber auch weibliche Kunden, die durch seine Herrenboutique stöbern auf der Suche nach dem Besonderen für den Mann an ihrer Seite, dürften sich in die Edelteile verlieben. Christian macht, was er mag. Deshalb gibt es bei ihm nicht nur klassische Teile ausgesuchter Designer und guten Kaffee. Er verkauft auch traumhafte Bildbände und selbst designte Allzweckschürzen – für Männer …

Bei der Reitbahn 3, www.adler-altona.de

25 TIDE

Frank ist leidenschaftlicher Sammler. Das gilt nicht nur für das Treibgut, das er vor Dänemarks Küste an Land zieht und in seinem sympathischen Café ausstellt. An verschiedenen Orten hat er Delikatessen für Gourmets aufgestöbert: hausgemachte Konfitüre aus Yorkshire, Rapsöl von Rügen, Honig aus Transsylvanien, Kürbiskernöl aus der Steiermark oder biozertifizierte Grüntee-Sorten aus Japan. In den verwinkelten Räumen lassen wir uns mit zauberhaften Wildblumenarrangements auf dem Tisch mittags hausgemachte Nudeln mit Pesto schmecken, saftige Obsttartes oder belegte Panini.

Rothestr. 53, www.tide.dk

Alles klar zum Landgang! Fest im Wassergrund verankert sind die Duckdalben, an denen Seeleute ihre Schiffe festmachen

THOMAS SAMPL

Gourmetkoch auf
»Smutje's Landgang«

ANGEBLICH GIBT ES IN HAMBURG 90 WOCHENMÄRKTE, auf denen in jeder Woche des Jahres erntefrische, regionale Produkte angeboten werden. Einer, der sich dort extrem gut auskennt, ist Thomas Sampl. Der gelernte Koch ist aus der Hamburger Gourmetszene nicht wegzudenken, er hat das VLET in der Speicherstadt (S. 21) großgemacht. Seit seinem Ausstieg dort durchforstet er die Wochenmärkte und nimmt alle, die gute Zutaten lieben, mit auf eine Stadtführung der besonderen Art: eine Wochenmarkttour mit Stadtführung und anschließendem Kochkurs. Thomas hat noch mehr Pläne, wie er uns auf einer Wochenmarkttour von »Smutje's Landgang« über den St. Pauli Nachtmarkt erzählt.

Thomas, was erwartet uns denn auf einem Landgang mit dir als Smutje?

Na, ich zeige euch zum Beispiel, woran gute Kartoffeln zu erkennen sind, mache euch mit alten Rübensorten und bunten Rettichen bekannt und den Produzenten aus und um Hamburg. Vor allem verrate ich, woran man wirklich einwandfreie Ware wie z.B. frischen Fisch erkennt. Danach geht es auf einen Streifzug mit den City Slickers durch teilweise unentdeckte Ecken des Viertels – je nachdem, wo wir gerade unterwegs sind: auf dem St. Pauli Nachtmarkt, auf dem Eppendorfer Isemarkt, auf dem Altstädter Großneumarkt oder dem Ottenser Öko-Wochenmarkt. Zum Abschluss kochen wir zusammen ein traditionelles hamburgisches Gericht, modern interpretiert. Denn bei lokalem Essen lernt man am meisten über den Ort, an dem man gerade ist. Oder auch lebt. Viele Hamburger kennen viele ihrer Traditionsgerichte ja gar nicht mehr.

Aber klar, Labskaus und Rote Grütze zum Beispiel!

Genau, das ist in den meisten Köpfen hängen geblieben. Nur wenige wissen, dass sich Hamburg bis in die Vierlande und das Alte Land erstreckt und es hier eine sehr vielfältige Esskultur gab. Dörrfrüchte aus dem Umland etwa waren wichtige Zutaten. Und der *Mehlbüdel* – ein tolles Gericht – ist leider komplett verschwunden. Schade eigentlich …

Ein gebürtiger Westfale mit Hang zur Hamburger Küche? Das erklär' mir mal.

Regionalität war mir immer wichtig. Und ich hielt mich lange für jemanden, der das beherrscht. Aber dann brachte ein Stammgast das Kochbuch seiner hanseatischen Großmutter mit – das war eine Art Erweckungserlebnis für mich. Es war in Sütterlin geschrieben. Anfangs hatte ich Schwierigkeiten beim Entziffern, aber nachdem ich beim Nachkochen statt Zimt Salz verwendete, habe ich mir die Wörter eingeprägt. Seither studiere ich viele alte Kochbücher. Daraus ist auch die Idee zu den Wochenmarkttouren gewachsen.

Wie das?

Na, da standen Sachen drin, von denen ich noch nie etwas gehört hatte, Goldener Rettich zum Beispiel. Ich überlegte, wo kriegst du den bloß her? Der Gemüsehändler, der das Restaurant belieferte, hatte ihn nicht. Da bin ich eben auf den Wochenmarkt gefahren und habe ein paar ausgesuchte Produzenten solange tyrannisiert, bis sie mir geliefert haben, was wir brauchen.

Warum bist du ausgerechnet in Hamburg an Land gegangen und nicht, sagen wir mal, in Berlin?

Ich bin über Umwege hergekommen. Erst ging's nach Düsseldorf, schließlich weiter nach Dresden. Dann suchte das Hamburger Park Hyatt einen Koch. Ich bekam den Job und bin hängen geblieben. Es ist ziemlich sicher, dass ich diese Stadt nicht mehr verlassen werde.

Du steckst gerade in den Vorbereitungen für eine neue Idee. Erzähl' mal, was du vorhast.

Im Oberhafenquartier wird gerade einer der alten Lagerschuppen ausgebaut. Dort entsteht eine Markthalle (ab September 2018) mit Restaurant – so wie man es aus südeuropäischen Ländern kennt: In der Mitte kaufst du ein, am Rand trinkst du einen guten Kaffee oder isst eine schöne Scholle mit frischem Vierländer Gemüse. Und alles kommt von Erzeugerhöfen aus der Region.

Du betreibst ein Catering unter dem Namen Hoben Köök – wird so auch das Restaurant heißen?

Ja, denn da können wir das verwirklichen, was der Name Hobenköök eigentlich bedeutet: ein Restaurant mit der einfachen authentischen Hamburger Bratküche, so wie sie die damaligen Hafenarbeiter genossen.

Wo isst ein Koch wie du, wenn er auf dem Kiez unterwegs ist?

In der Mexiko Straße – die Tacos dort sind sensationell (S. 74). Ich mag auch die skandinavisch geprägte Küche im puristischen Haco (S. 77). Und der Kaffee dazu muss von Elbgold kommen – weil die tatsächlich nachhaltig produzieren, direkt von ihren Kaffeebauern beziehen und die Bohnen absolut hervorragend rösten (S. 116).

26 – Smutje's Landgang
zu buchen über
www.wochenmarkttouren.de

THOMAS
SAMPL

BULLEREI
ASTRA
ASTRA
BULLEREI
ASTRA

RUND UM DEN PFERDEMARKT:

KAROLINEN-VIERTEL & STERNSCHANZE

Wie ein grüner Gürtel legt sich der Park Planten un Blomen zwischen die schicken Geschäfte der City und die beiden Quartiere, die zweifellos die kreative Keimzelle der Stadt bilden. Mit teils unbekümmerter Bekenntnis zum alternativen Lifestyle, aber auch mit aufrührerischem Widerstandsgeist, versuchen die Bewohner die Einzigartigkeit ihrer Viertel gegen Mainstreamisierung und Gentrifizierung zu verteidigen. So viele liebevolle kleine Lokale und witzige Läden findet man in dieser Dichte an keinem anderen Ort. Dazu gehört sicher auch die Bullerei am alten Schlachthof (*www.bullerei.com*).

Shops

1 Lockengelöt
3 Groove City Record Store
5 Elbgold
7 Bruno's Käseladen
8 Pick & Weight
10 Minimarkt
12 Nele Industries
14 Künstlerbedarf Gustav Jerwitz
15 Todt & Meiers
16 Lokaldesign
19 Herr von Eden

Café

2 Harbor Cake
17 Herr Max

Essen

6 Hatari Pfälzer Stube & Hatari The Corner
9 Schorsch
13 Happen Pappen

Ausgehen

4 Altes Mädchen

Hotels

11 Superbude
18 My Place

Kleiner Schäferkamp
14
Schröderstiftstraße
Grindelallee
Rothenbaumchaussee
Rentzelstraße
Sternschanze
Sternschanze
An der Verbindungsbahn
Messeplatz
5
4
Lagerstraße
Sternstraße
St. Petersburger Straße
Flora-Neumann-Straße
Karolinenstraße
Vorwerkstraße
Laeiszstraße
Grabenstraße
Glashüttenstraße
19
1
2
3
Marktstraße
Holstenglacis
Ölmühle
Mathildenstraße
13
Feldstraße
Sievekingplatz
Sievekingplatz
Gorch-Fock-Wall
Glacischaussee

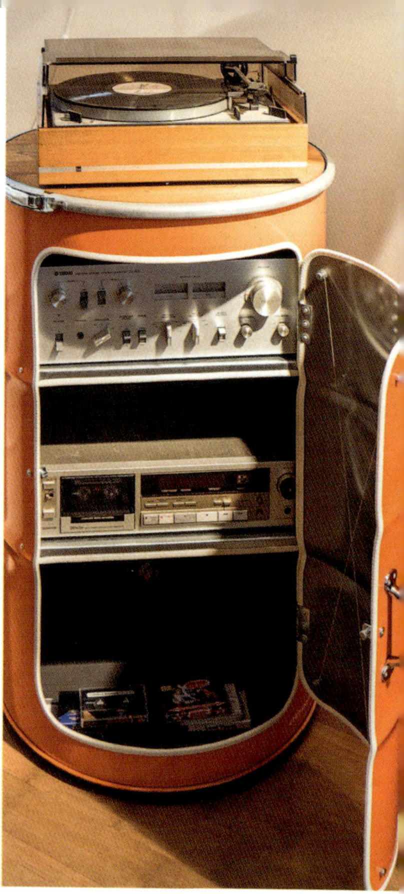

1 Lockengelöt

Schallplatten, die keiner mehr abspielt… Bücher, die auf dem Flohmarkt keinen Cent mehr bringen… Für das, was trotzdem zu schade für die Tonne ist, haben die Leute von Lockengelöt bestimmt eine originelle Idee. Sie tüfteln daran, wie man Alltäglichem eine neue Funktion geben kann und zaubern aus grellbuntem Vinyl der 1960er-Jahre Pop-Art-Lampen, aus LPs Küchenrollenhalter oder schalenartige »Plattenteller«. Recycelte Ölfässer werden zu Couchtischen, Hausbars oder Hängeleuchten und Bücher zu »Schlüsselromanen« für Schlüssel, Schmuck oder Küchentücher. Eine echte Fundgrube!
Marktstr. 114, www.lockengeloet.com

2 Harbor Cake

Was dabei herauskommt, wenn sich ein kerniger Südtiroler und eine Hamburgerin zusammentun? Ein unbeschreiblich gemütliches, bis ins Detail liebevoll gestaltetes kleines Café. Unter leuchtenden Globen an der Decke, zwischen Kaffeesäcken, maritimen Bildern und alpinen Liebhabereien erliegen wir dem, was Giorgio in der Küche zaubert und Yvonne mit Hingabe serviert. Zum Beispiel den unverschämt leckeren Käsekuchen mit Passionsfrucht, sahniges Himbeer-Tiramisu, Tiroler Walnusstorte oder verführerische Knödelspezialitäten, die authentisch nach Giorgios schöner Heimat schmecken.
Marktstr. 36, www.harbor-cake.de

CNC
TOLIMA
Aus der Knödelei
Südtiroler Bock Hendl mit Kartoffel-Salat 7.50 €
Warme Küche bis 15.00 Uhr
Hausgemachte Tiroler Schlutz-Krapfen mit Parmesanschaum und Salat 7.90 €
PLANET EARTH FIRST

Warmer Butterkuchen
Mango Brombeer

3 Groove City Record Store

Direkt neben Lockengelöt wartet die nächste Fundgrube. Diesmal eine für jene, die sich NIE im Leben von ihren Vinyls trennen würden und fiebrig auf der Suche nach weiteren Labels sind, die ihre Sammlung erweitern. Marga Glanz hat sich auf Raritäten, Gebrauchtes und Neues spezialisiert. Liebhaber von Soul, Funk, Jazz, Hip-Hop, Soundtracks, Latin, Afro und Outernational finden mithilfe des relaxten Teams bestimmt das Richtige. Wer zu Hause keinen Plattenspieler hat, greift eben zu den wahrscheinlich weniger haltbaren und weniger liebenswerten CDs.
Marktstr. 114, www.groove-city.com

4 Altes Mädchen

Der Name ist eine Hommage an Freddy Quinn, der in melancholischen Liedern von hoher See und fernen Ländern träumte und seine Wahlheimat Hamburg liebevoll als »Altes Mädchen« besang. Das Lokal in der Ratsherren-Brauerei gegenüber dem Schlachthof widmet sich der Craft-Bier-Szene in aller Welt. Aus Schottland kommt z. B. ein punkiges Indian Pale Ale, ein Steambier aus San Francisco. Wer keine Experimente schätzt, bestellt eine Weißbiervariante oder ein schlichtes Helles. Die solide Grundlage für das Tasting liefern die Snacks auf selbst gebackenem Brot oder deftige Hausmannskost.
Lagerstr. 28 b, www.altes-maedchen.com

5 Elbgold

Zwei Dinge tun Annika Taschinski und Thomas Kliefoth am liebsten: Kaffee trinken. Und darüber reden. Denn etwas können die beiden besonders gut: Kaffee rösten und beständig an dem exzellenten Aroma feilen. Ihre Rohware importieren sie direkt aus den Anbaugebieten und unterstützen so Farmerinitiativen vor Ort. Annika serviert mir eine spezielle Sorte aus Honduras. »Schmeckst du die Kirsche, Feige und Paranuss heraus?«, fragt sie mich schwärmerisch. Ich muss leider passen, genieße etwas kleinlaut das fein säuerliche, wunderbar fruchtige Aroma – und überlasse das Reden lieber ihr.
Lagerstr. 34 c, www.elbgold.com

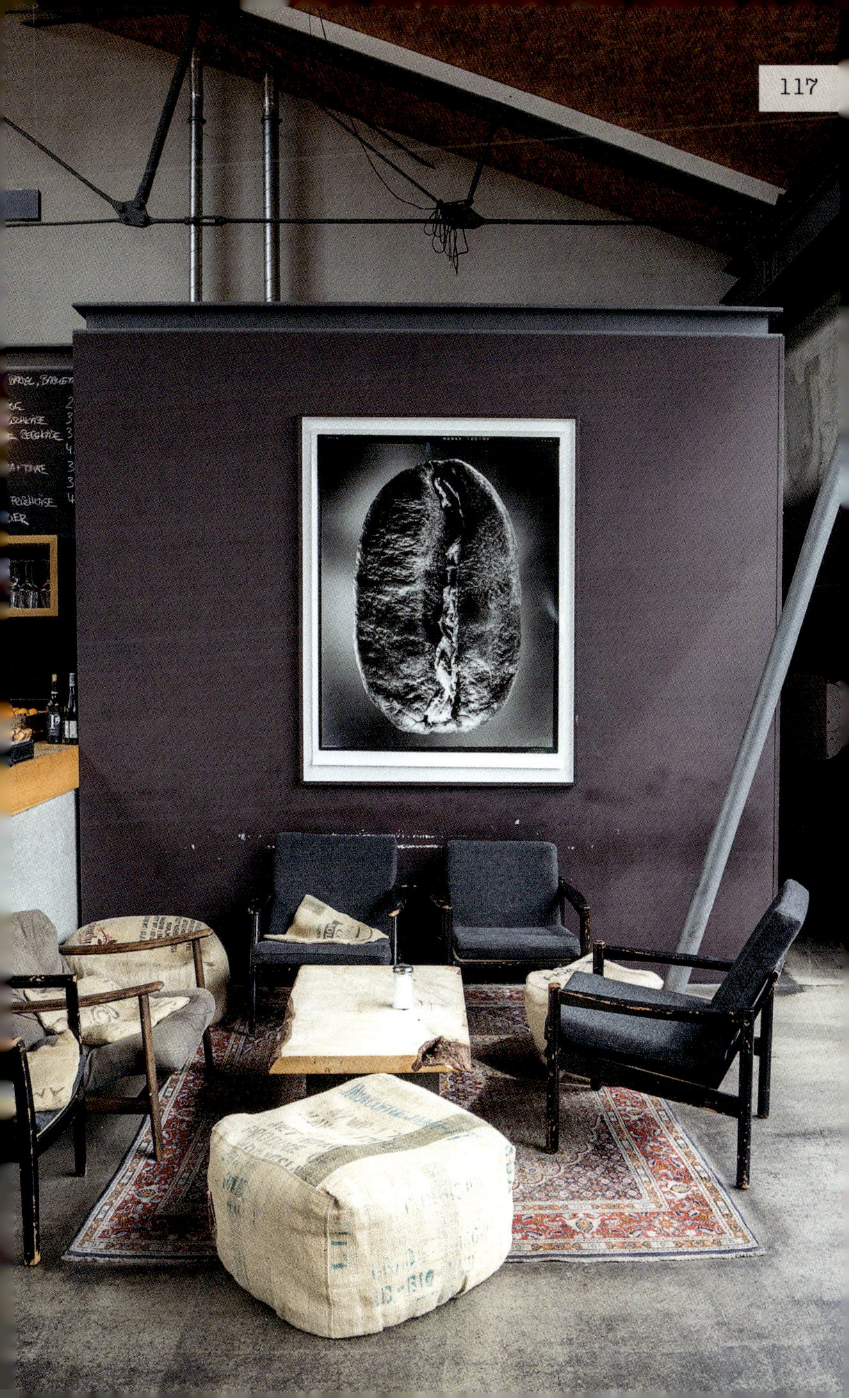

6 Hatari Pfälzer Stube & Hatari The Corner

Bayern, Schwaben und Pfälzer im Hamburger Exil, die auf gehaltvoll deftige Küche nicht verzichten mögen, finden in der urig-schummrigen Pfälzer Stube ihr Schlemmerparadies: Flammkuchen, Maultauschen, Spätzle, Frikadellen und vorzüglicher Saumagen wie auch vegetarische Seitan-Gerichte werden als üppige Sattmacherportion serviert. Die wirklich guten Burger-Variationen scheinen im kleinen Ableger schräg gegenüber (*www.hatarithecorner.de*) doppelt gut zu schmecken. Vielleicht liegt's an der Bar-Atmosphäre.
Beim Grünen Jäger 21
www.hataripfaelzerstube.com

7 Bruno's Käseladen

Beim Schanzenbummel, komme ich einfach nicht daran vorbei. In seinem Minigeschäft mit Minitresen bietet Bruno feine Käsespezialitäten feil, darunter sind auch Raritäten wie z. B. ein Yak-Käse aus dem Himalaja. In der wärmeren Jahreszeit – und das ist in Hamburg ein dehnbarer Begriff – genieße ich, sofern ich einen Platz ergattern kann, draußen auf der Bierbank Salat mit Ziegenkäse oder Flammkuchen. Ohne Rohmilchkäse gehe ich nie nach Hause. Meine neueste Entdeckung: extra würziger Bergchäs aus der Schweiz – ein Tipp von der netten Claudia am Tresen.
Schulterblatt 60,
www.brunos-kaeseladen.de

VINTAGE BY
THE KILO
ALL OUR CLOTHES

8 Pick & Weight

Am Neuen Pferdemarkt stöbern auf gigantischen 500 Quadratmetern ökologische Überzeugungstäter genauso gerne wie Fashionistas durch Truhen, Regale und Kleiderracks. Die Auswahl an gebrauchter Mode aus den 1960er- bis 1990er-Jahren ist riesig und meistens gut erhalten. Zwar sind die Teile nicht ausnahmslos so Vintage wie versprochen. Aber das eine oder andere Schnäppchen lässt sich durchaus machen: Die in vier Preiskategorien ausgezeichnete Ware wird per Kilo gewogen. Fixpreise gelten bei Accessoires wie den Sonnenbrillen oder Schuhen.
Beim Grünen Jäger 16
www.picknweight.de

9 Schorsch

Die Currywurst wurde in Hamburg erfunden. Das war zwar am Großneumarkt, aber Artur und Ingrid verkaufen Deutschlands beliebtestes Kantinenessen seit 50 Jahren dort, wo es hingehört: auf der Straße. Na ja, fast: Der Imbiss direkt am Kantstein ist Kult. Nicht nur wegen des liebenswert bodenständigen Teams, sondern wegen der Wurst mit extra scharfer, nach Geheimrezept zubereiteter Soße. Dazu gehört der nach Ingrids Rezept gemachte Kartoffelsalat – ein grundehrliches Essen ohne Chichi, das Taxifahrern genauso schmeckt wie Nachtbummlern.

Beim Grünen Jäger 14
www.imbiss-bei-schorsch.de

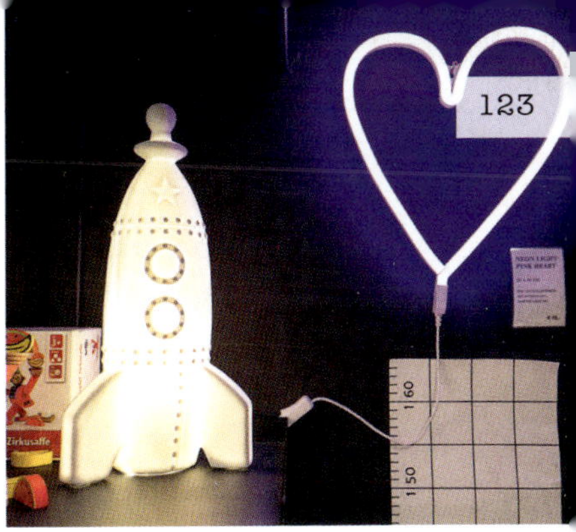

10 Minimarkt

Skandinavien ist von Hamburg aus gesehen ja gewissermaßen um die Ecke. Offenbar hat Xenia Rosengart sich deshalb der minimalistischen Formsprache des höheren Nordens verschrieben. Aus ihrem Concept-Store würde man all die stilvollen Hingucker am liebsten sofort mitnehmen. Zum Beispiel die schnörkellose Deckenleuchte »Model« oder die weichen Wollfilzhausschuhe. Dazwischen langlebige Möbel mit einer längeren oder auch gerade erst begonnenen Geschichte. Im Kids Store entdecke ich absolut entzückende Kuschelobjekte! Und für mich: Papierclips aus Messing mit tanzenden Elefanten.
Bartelsstr. 37, www.minimarkt.com

11 Superbude

Was erwartet man von einem Hostel? Schlechte Betten, miesen Service, mittelmäßiges Frühstück. Nichts davon trifft hier zu! Verbote gibt es keine, dafür viel Vertrauen. Die individuellen Zimmer machen gute Laune. Die Designerbetten sind bequem, das Team ist professionell, aufmerksam und dabei entspannt. Das Frühstück so reichlich, lecker und günstig, dass dafür niemand ins Café gehen muss. Zwischen Schanze und Kiez gelegen ist diese super Bude ein sympathischer, urgemütlicher Start- und Landeplatz für jeden. Zumal dort das wohl netteste Betthupferl wartet: Nutella-Brot.
Juliusstr. 1–7, www.superbude.de

12 Nele Industries

Klare Silhouetten, leise Farben – fast bin ich versucht zu sagen: im besten Sinne ultrahanseatische Mode. Wären da nicht die Details, die den klassischen Teilen eine feminine Note verleihen. Nele Brackert schneidert aus Schweizer Baumwolle, Jeans und Jersey ausgefeilte Mode in überschaubarer Stückzahl für ihre Boutiquen in Hamburg und Zürich. Und sie hat eine Schwäche für Harris Tweed: »Er ist handgewebt, extrem langlebig und passt sich dem Körper ideal an.« Ein Beispiel gefällig? Einfach mal ein Kleid aus dem britischen Traditionsstoff anziehen und sich darin wohlfühlen.
Weidenallee 4, www.nele-industries.com

13 Happen Pappen

Nun habe ich so viel über Fisch und Fleisch geschnackt, dass Sie denken müssen: Geht's nicht auch ohne? Klar, denn in der Stadt gibt's nichts, was es nicht gibt. Cathy bezeichnet ihr kommunikatives Restaurant-Café als vegane Wohnküche. Und das ist durchaus wörtlich zu nehmen. Speisen und Getränke sind hier zu 100 Prozent vegan (was bedeutet: es werden keine Alkoholika ausgeschenkt). Unter dem täglich wechselnden Angebot habe ich die Qual der Wahl zwischen einem cremigen Avocado-Sandwich, saftiger Quiche mit Salat oder einem der zu Recht viel gelobten Burger – *yummy*!
Feldstr. 36, www.happenpappen.de

14 Künstlerbedarf Gustav Jerwitz

Meist arbeite ich mit dem Kopf, aber vor einer Weile habe ich quasi meine »künstlerische Ader« entdeckt – und mich an meinen Ex erinnert: Der ist Kunstmaler und kaufte bei Gustav Jerwitz. Echte (!) Künstler zwischen Wladiwostok und Neuseeland finden hier seit über 100 Jahren unter 15 000 Produkten, vom Pinsel über Farben bis zum Rahmen, alles, was sie zur Vollendung ihrer Werke brauchen. Ich bin hingerissen von der unendlichen Vielfalt an Farbpigmenten und intensiven Beratung. Sogar für Hobbykünstler wie mich!

Kleiner Schäferkamp 29
www.gerstaecker.de/hamburg

15 Todt & Meiers

Die Fassade ist aus den Fifties, die Mode für Frauen und Männer dahinter ist aber zeitlose schöne Basis-Garderobe fürs Drüber und Drunter. Von der Umhängetasche ohne Blingbling über nicht einengende Blusen bis zur fabelhaften Shapewear von Spanx ist alles angenehm schnörkellos. Ich liebäugele mit einem stoffummantelten silbernen Flachmann als Geburtstagsgeschenk für den besten meiner Freunde, entscheide mich dann aber egoistisch für ein Paar Schnürer von Cordwainer für mich und eine knautschige Kulturtasche von Qwstion, die sich als wahres Raumwunder auf Reisen entpuppt.
Weidenallee 17, www.todt-meiers.de

16 Lokaldesign

Draußen rauscht die S-Bahn vorbei, drinnen finden Sie ebenso individuelles wie bezahlbares Design. Julia und Katharina bieten jungen Handwerkern ein Forum für ungewöhnliche Einzelstücke oder Miniserien. Bei ihrer Talentsuche haben sich die beiden Macherinnen mit Design-Ateliers und Manufakturen vernetzt. Neben clever durchdachten Garderobensystemen, multi-funktionellen Tischen, Lampenschirmen aus Geschenkband oder Weinregalen, die sich keineswegs im Keller verstecken müssen, finden Sie auch besonders schön designte Kräuterbitter – ein ungewöhnlicher Digestif!

Schulterblatt 85, www.lokaldesign.de

17 Herr Max

Als Herr Max nach einem Ort suchte, an dem der gelernte Konditor seine Feinbäckerei einrichten könnte, fand er ein Milchgeschäft von 1905 und dachte: »Der Laden sieht aus wie eine Hochzeitstorte«. Seine Frau Julia gab noch ein wenig »buttercremefarbenes Aquamarin« dazu, dann war das Café fertig, in dem betörende Kuchen stehen und kunstvolle Petit Fours, die mit ihren Zitaten aus der Comic- und Street-Art-Kultur einen witzigen Kontrast zum Zuckerguss-Ambiente bilden. Spätestens wenn Sie sehen, was für wahnsinnige Style-Torten er backt, wird klar, warum Herr Max sich hier zu Hause fühlt.
Schulterblatt 12, www.herrmax.de

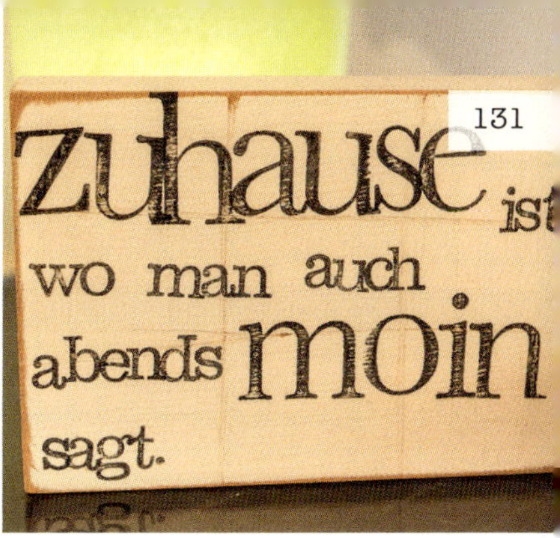

18 My Place

In diesem lebendigen Szeneviertel geht es bunt und turbulent zu. Das 18-Zimmer-Haus in einer ruhigen Seitenstraße ist da der ideale Rückzugsort, findet eine Freundin. Jeder Raum wurde mit hanseatischer Zurückhaltung gestaltet und ist thematisch einem Stadtviertel gewidmet. Die Standardzimmer sind aufgrund ihrer Größe eher kuschelig, dafür aber mit so bequemen Betten und Kissen ausgestattet, dass man garantiert gut träumt. Und nach dem leckeren Frühstück braucht man zu Fuß nur ein paar Minuten, um sich dem Shoppingrausch hinzugeben.
Lippmannstr. 5
www.myplace-hamburg.de

HERR VON EDEN

Schneider mit Glamour-Effekt

DAS KAROLINENVIERTEL IST DIE KREATIVE KEIMZELLE des »Herrn von Eden«. Im wahren Leben heißt er Bent Angelo Jensen, den ersten Vornamen verdankt er seinem dänischen Vater, den zweiten der italienischen Großmutter Angela. Bekannt wurde er durch seinen extravaganten Vintage-Stil, der sich durch einen Mix aus Eleganz, Glamour und Provokation auszeichnet und ihn u.a. als »Schneider Jan Delay« bekannt machte. Bent hat 1996 in der Marktstraße seinen ersten Secondhand-Laden eröffnet, bis heute hält er seinem »Mutterschiff« die Treue.

Bent, trägst du immer Anzüge?
Nahezu immer! Wenn du erst einmal reinsteigst in so einen Anzug, gibt es kein Zurück mehr. Denn eine Jeans ist bei Weitem nicht so bequem wie eine elegante Anzughose. Und ein gut sitzendes Sakko sieht deutlich besser aus als ein Kapuzenpullover.

Welcher Stil hat dich geprägt?
Das Ganze begann Ende der 1980er-Jahre, da schwappte gerade ein Mod-Revival hoch. Ich sehe noch vor mir, wie ich mir im Alter von 12, 13 Jahren am Fenster die Nase plattdrücke. Draußen fuhren die älteren Jungs auf ihren Vespas über den Hof. Sie hörten The Who und die Rolling Stones und trugen Anzüge aus den 1960er-Jahren. Da ich ohne Vater aufgewachsen bin, habe ich da erstmalig Männermode bewusst wahrgenommen. So etwas wollte ich auch haben! Meine Mutter schlug nur die Hände über dem Kopf zusammen. Aber ich war nicht zu stoppen, ging in den nächsten Secondhand-Laden und kaufte stolz ein braunes 1970er-Jahre-Polyesterhemd – für 50 Pfennige!! Vier, fünf Jahre später hingen zwei Dutzend Sixties-Anzüge in meinem Schrank.

Du bist in Dänemark geboren, in Flensburg aufgewachsen und weitergezogen nach Hamburg …
… weil ich frisch verliebt war in eine große, blonde Über-Frau. (Jensen lacht!) Neben dem Zivildienst wollte ich eine Secondhand-Boutique eröffnen. Und im Karoviertel fand ich den perfekten Ort dafür. Den entscheidenden Push gab die »Offene Garderobe«. Da konnte man sich monatsweise für 100 DM jede Woche einen Anzug ausleihen. Das Tollste an dieser Idee war, was die Leute in den Anzügen erlebten: der Job, den sie damit bekamen, eine tolle Frau, die sie kennenlernten ... Doch wirklich zufrieden war ich noch nicht. Meine Onkel, mein Bruder, mein Vater, das waren gestandene Geschäftsleute. Und mich plagte das Gewissen: Du kannst doch nicht als Lumpenhändler in die Familienchronik eingehen!

Und so ist deine erste eigene Kollektion entstanden?
Genau ... Inzwischen war ich 22 Jahre, Tausende von Sakkos und Hosen der 1920er- bis 1990er-Jahre waren durch meine Hände geglitten, und doch war ich immer noch auf der Suche nach dem *einen* perfekten Anzug. Erst viel später verstand ich, dass ich eigentlich auf der Suche nach meinem Vater war. Er ist sehr jung gestorben, mit 35. Ich war damals fünf und bin behütet und geliebt von meiner Schwester, meiner Mutter, beiden Großmüttern und meiner Nanny aufgewachsen. Was dieser plötzliche Tod des wichtigsten Mannes in meinem Leben bedeutet, ist einem in dem Alter ja noch nicht klar. Unterbewusst hat mich der Verlust aber extrem stark beeinflusst.

Sehen deine Anzüge so aus, wie dein Vater sie getragen haben könnte?
In der Tat. Auf den wenigen Fotos trägt er Anzüge aus den 1960er-Jahren. Darüber hinaus sind die 1920er- bis 1940er-Jahre immer wieder mein Ausgangspunkt. Meine Schwester, die gelernte Schneiderin und studierte Modedesignerin ist, hat 1999 mit mir gemeinsam die ersten Entwürfe gestaltet. Aber dann wollte ich es selber können. Sie schickte mir ihre Schulungsunterlagen, ich schloss mich einen ganzen Winter lang in meiner Wohnung ein und machte die ersten HvE-Grundschnitte. Im nächsten Frühjahr kam ich dann mit meiner ersten eigenen Kollektion raus.

Die sorgte schnell für Furore …
Ja, ich geriet in eine Art Wachstumswahn und war irgendwann total überfordert – ohne kaufmännische oder betriebswirtschaftliche Ausbildung mit 35 Festangestellten und sechs Läden. Da bin ich in die Insolvenz gerauscht. Das war hart, aber auch eine wertvolle Erfahrung: Ich bekam graue Haare, verlor Freunde, fand neue und schrumpfte mich gesund. Heute habe ich nur noch drei Läden in Hamburg, Berlin und Köln. Das reicht, um erfolgreich zu sein!

Was zeigst du Freunden, die dich hier besuchen kommen?
Den Hafen! Mein *best buddy* Florian, Wahlhamburger, ist happy, weil er dort stundenlang den Schiffen zuschauen kann. Und natürlich die atemberaubende Speicherstadt, deren eigenwillige Architektur anmutet an wie eine Filmkulisse von Tim Burton.

---

19 – Herr von Eden
Marktstr. 33
www.herrvoneden.com

MACIEIRA
Sterling

Bötelkamp
Troplowitzstraße
Eidelstedter Weg
Stresemannallee
Lutterothstraße
Methfesselstraße
Quickbornstraße
Unnastraße
Stellinger Weg
Schopstraße
Odenwaldstraße
Schwenckestraße
Telemannstraße
Hellkamp
Heußweg
Lastropsweg
Rombergstraße
Osterstraße
Am Weiher
Wiesenstraße
Eichenstraße
Osterstraße
Henriettenstraße
Emilienstraße
Tornquiststraße
Fruchtallee
Schulweg
Eppendorfer Weg
Sophienallee
1
2
3
4
5
6
7
8
9
10
11
12
Shops
2 Buchladen Osterstraße
3 Interiör
5 Derbe & Support
7 Blue de Gênes
10 Antiquariat Lüders
Café
4 Café Delice
9 Eisliebe
Essen
6 Heimatjuwel
8 Zühlkes Weinbar
Ausgehen
1 Vineyard
11 Boilerman Bar
Hotel
12 Das Kleine Schwarze

NAH AM WASSER GEBAUT: EIMSBÜTTEL

In Eimsbüttel plätschert das Leben gemütlich dahin. So ruhig und gelassen wie in einem Dorf, finden seine Bewohner. Dabei ist es der am zweitdichtesten besiedelte Stadtteil Hamburgs. Im Süden und Westen von alternativen Szenevierteln und im Osten vom noblen Harvestehude flankiert, gibt es hier so viel Grün, dass sich vor allem junge Leute und Familien wohlfühlen. Das Herz Eimsbüttels schlägt in der Osterstraße. Doch mittlerweile haben sich am Eppendorfer Weg viele nette, kleine Läden angesiedelt. Von hier aus ist es nicht weit bis zum Kaiser-Friedrich-Ufer, denn Wasser gibt es hier natürlich auch.

1 Vineyard

Hamburger sind nicht dafür bekannt, dass sie gerne mit fremden Leuten an einem Tisch sitzen. Diese Regel wird im Vineyard durchbrochen. Auf den langen Bänken in der industriecharmanten alten Fabrikhalle rückt man eng zusammen und kommt so schnell ins Gespräch, z. B. über die 500 edlen Tropfen des Weinhandels. Probieren geht zum günstigen Preis, denn hier wird nicht zwischen Bar- und Lagerpreis unterschieden. Schön, dass die Weine auch in 0,1-Liter-Gläser ausgeschenkt werden, von regionalen Kleinigkeiten aus der Bistroküche begleitet.

Osterstr. 92

www.vineyard-weinhandel.de

2 Buchladen Osterstraße

Für mich ist Lesen ein sinnliches Erlebnis. Handwerklich gestaltete Einbände berühren, das Rascheln des Papiers hören, mich treiben lassen bei der Entdeckung literarischer Titel – ich liebe das! Zum Glück gibt es noch kleine Händler, die sich erfolgreich gegen Online-Giganten behaupten, wie diese gut sortierte, wunderbare Lese-Oase. Ob Politisches, Belletristisches oder fabelhafte Kinderlektüre – die InhaberInnen des mit dem Deutschen Buchhandelspreis ausgezeichneten Ladens helfen sicher, den richtigen Titel zu finden.

Osterstr. 171
www.buchladen-osterstrasse.de

3 Interiör

»Am glücklichsten verlassen unseren Concept-Store jene, die nicht wissen, wonach sie suchen«, behauptet Markus Emden. Das ist nicht zu viel versprochen. Denn sein hübscher Laden in den erfrischend kühlen Farben Skandinaviens bildet die Kulisse für ebenso schlichte wie funktionale Dinge. Ein Shopper aus edlem Rinderleder von Shine oder doch lieber ein Upcycling-Modell von Freitag? Reduzierte Komono-Uhren, Stelton-Thermoskannen in Kupfer und Silber, ästhetisch Nützliches von Hay und side by side machen das Leben schöner – Ihr eigenes und das der Menschen, die Sie damit beschenken.

Osterstr. 164, www.interioer.de

4 Café Delice

Anne und ich haben uns für dieses Buch die Füße platt gelaufen und uns nur selten eine Pause gegönnt. Aber an einem sonnigen Tag lockt uns dieses entzückende Café unter seine Markise. Wir ordern mein aktuelles Lieblingsheißgetränk: »Café Bonbon«, ein Cortado mit reichlich gezuckerter Kondensmilch. Eine herrlich süße Sünde! Und während Anne ein Stück von den verlockenden Croissants, Nuss- und Obsttörtchen sowie köstlichen Kuchen auswählt, sündige ich gleich noch ein zweites Mal. Später kann ich das ja wieder ablaufen. Und: Ich komme zurück, spätestens am nächsten Regentag.

Osterstr. 168, www.cafedelice.de

5 Derbe & Support

Wie Nordlichter dem allgegenwärtigen Schietwetter trotzen? Mit Friesennerz, also einer Öljacke, die gegen steife Brisen und Regen dicht hält. Seit seiner Erfindung durch den Dänen Jan E. Ansteen Nielsson war der Klassiker nur in unvorteilhaftem Signalgelb und unförmiger Silhouette zu bekommen. Dann erfand Derbe die ultimativen Regenjacken neu. Es gibt die, ebenfalls unübersehbaren, Teile in Rot, Petrol oder Blau und flott tailliert. Sie heißen »Fun Dots« oder »Watt'n Friese«. Darunter gehört ein originales T-Shirt oder cooler Sweater des hanseatischen Kiez-Labels – nur echt mit dem Hamburg-Wappen.

Osterstr. 169, www.derbe-hamburg.de

6 Heimatjuwel

Es fehlt ein kulinarisches Juwel in Ihrer Sammlung? Hier ist es! Marcel Goerkes letzte Station als Küchenchef war das Seven Seas (*www.karlheinzhauser.de/seven-seas*). Jetzt macht er sein eigenes Ding und serviert in seinem herrlich unprätentiösen Lokal *Casual Fine Dining*. Die überraschenden Kompositionen von eher gewöhnlichen regionalen Zutaten bringt er wahlweise à la carte oder in drei bis acht Gängen auf den Tisch, mittags gibt es eine kleine Auswahl. Dazu ist jedes Gericht so überwältigend schön angerichtet, dass es dem außerordentlichen Genuss noch ein Krönchen aufsetzt.

Stellinger Weg 47, www.heimatjuwel.de

7 Blue de Gênes

Nein, nicht Levi Strauss hat die Ur-Jeans erfunden. Die Geschichte der unverwüstlichen Hose reicht 400 Jahre weiter zurück. Da färbte man im einst französischen Genua (Gênes) einen robusten arabischen Baumwollstoff mit Indigo, dunkel genug für die dreckige Arbeit der Hafenarbeiter und Seeleute. Damit war das *Bleu de Gênes* (»Blau aus Genua«) erfunden – und später die amerikanische Jeans. Das inspirierte das fast gleichnamige dänische Denim-Label zu lässigen Hosen und Hemden. Das Outfit wird ergänzt mit perfekt verarbeiteten Schuhen für echte Männer.

Eppendorfer Weg 54
www.bluedegenes.de

8 Zühlkes Weinbar

Andi Zühlke hat eine Schwäche für Unverfälschte, was nicht nur an der immensen Auswahl der 100 Naturweine zu erkennen ist, die er in seiner Bar ausschenkt. Seine Vorliebe für Unkapriziöses von herausragender Qualität findet sich wieder im ebenso überschaubaren wie delikaten Speisenangebot und in dem kleinen Hofladen gleich gegenüber. Seine Pasteten bereitet er selbst zu (und zerlegt das Tier dafür sogar selbst). Ansonsten kocht er frisch, was regionale Erzeuger hergeben. Aber eines hat er immer da: den *Pulpo* mit Amalfi-Zitronen – unbedingt probieren!
Eppendorfer Weg 58
www.zuehlke-weinbar.de

9 Eisliebe

Eis muss für mich vollmundig-cremig und intensiv nach der Hauptzutat schmecken, so wie in der Eisliebe, die laut Gourmet-Magazin *Feinschmecker* zu den 40 besten Eisdielen Deutschlands gehört. Meine heiß geliebten Eismarillenknödel gibt es zwar nur in der Ottenser Filiale (Bei der Reitbahn 2). Aber auch hier wird mit ungewöhnlichen Genüssen wie Mohneis mit Erdbeersauce oder Himbeersorbet mit Limettensauce experimentiert. »Probiert habe ich sogar Büffelmozzarella mit Tomatensauce«, sagt Inhaber Alexander, »aber das war mir dann doch zu spacig.«

Eppendorfer Weg 170
de-de.facebook.com/EisliebeOttensen/

10 Antiquariat Lüders

Viel Zeit blieb mir nach dem Wocheneinkauf meist nicht. Aber immer tauchte ich für eine Weile in die wunderbare Welt von Lüders ein, als Eimsbüttel noch mein Zuhause war. Zwischen den bis in den letzten Winkel hochgezogenen Regalen habe ich meine aufregendsten Bildbände erstanden – gebraucht, aus Ich-weiß-nicht-wie-vielter-Hand. Und dabei, angeregt durch ein Geschenk meines Bruders, unverhofft noch ein Exemplar von einer Erzählung Virginia Woolfs entdeckt. Ach, und wer schon mal da ist, kann übrigens auch Druckfrisches bestellen.

Heußweg 33
www.buchhandlunglueders.de

11 Boilerman Bar

In der amerikanischen Geschichte waren die an Bahnstationen aufsteigenden *Highballs* ein Zeichen dafür, dass die Zugführer nicht ganz im Zeitplan lagen. Daraufhin musste der *Boilerman* an Bord der Züge eine Schippe nachlegen und »anheizen« – was in dieser raucherfreundlichen Bar für die Gastgeber und das Angebot gleichermaßen gilt. Die Gäste szenig, das Ambiente cool, Hochprozentiges die Spezialität – die zu Highballs gemixten Spirituosen kommen ohne Schütteln und Rühren aus, und die Auswahl an großartigen Whiskys ist fantastisch.

Eppendorfer Weg 211
www.boilerman.de

BETTINA UND RALPH MERZ

Vorhang auf für das »Kleine Schwarze«

IN EIMSBÜTTEL GEHT ALLES ETWAS GEMÜTLICHER ZU – wie in einem Dorf, in dem man sich kennt und keine allzu großen Aufgeregtheiten schätzt. Umso überraschender ist das Hotel, das Bettina und Ralph Merz in einer ruhigen, von Kastanien gesäumten Wohnstraße geschaffen haben. Die Fassade von »Das Kleine Schwarze« ist in eben dieser Farbe gestrichen, das ist aber auch schon das Einzige, was an diesem Hotel von Bestand ist. Checkt einer der vielen Stammgäste ein, kann es passieren, dass er sein Lieblingszimmer nicht wiedererkennt. Denn die Bühnen-Kostümbildnerin Bettina Merz und ihr Mann Ralph, ehemals Art Director in einer Werbeagentur, lieben und leben den ständigen Wandel.

Ihr seid beide Kreative – wie seid ihr ausgerechnet auf die Idee gekommen, ein Hotel zu eröffnen?

Bettina: Als Kostümbildnerin war ich immer viel unterwegs, Ralph hat mich oft besucht. Und wenn wir in den Hotels waren und die Dinge, die uns umgaben, betrachteten, war unser Eindruck an fast allen Orten dieser Welt ähnlich: Die Atmosphäre ist unpersönlich, an nichts bleibt die Seele hängen, das einzige Individuelle ist der Zimmercode. Man ist jemand, der zahlt, aber kein Gast. Und dann kam der Punkt, an dem ich nicht mehr reisen wollte.

Ralph: Dazu passte, dass auch ich jobmüde war. Unsere Idee war: ein Hotel zu schaffen, das mehr ist als ein Ort zum Absteigen, nämlich eine Kommunikationsstätte. Wir fanden dieses Haus, das damals mit hässlichem Gelbklinker verkleidet war und einen Garten hatte, der – nun ja, nicht ganz unserem Geschmack entsprach.

Welche Rolle spielte die Kunst?

Ralph: Eine ganz zentrale Rolle! Wir wollten eine Atmosphäre schaffen, in der unsere Gäste visuell und inhaltlich in thematisch sich immer wieder verändernde Räume eintauchen können. Dafür lassen wir unser Hotel Jahr für Jahr komplett umgestalten – von der Lobby über das Gastzimmer bis zum Frühstücksraum. Dabei lassen wir uns von wechselnden Galeristen beraten und arbeiten mit verschiedenen Künstlern zusammen. So wird jeder Aufenthalt im Kleinen Schwarzen zu einer Inspiration. Für die Dauer ihres Aufenthalts gehört die Kunst unseren Gästen. Und wem die Stücke gefallen, der kann sie nach Ablauf des Ausstellungsjahres kaufen und mit nach Hause nehmen.

Wie seid ihr auf euren Namen gekommen?

Ralph: Da war ja diese hässliche Gelbklinkerfassade. Die musste weg. Und: Wir wollten schon ein bisschen auffallen, also haben wir uns für Schwarz entschieden. Dadurch, dass wir die Klinkerstruktur erhalten haben, sieht es jetzt fast aus wie ein Londoner Arbeiterhaus.

In Hotels stört mich oft die miserable Ausleuchtung des Badezimmerspiegels. Hand aufs Herz, wie sieht das bei euch aus?

Bettina (lacht): Wir nehmen bewusst Abstand von Wohnlichem. Unsere Gäste bekommen einen Türcode für das Haus, sie werden also mit Vertrauen beschenkt. Und mit der Kunst. Das ist unser Fokus. Also gibt es keine Kuschelsofas und Teppiche, dafür aber einen sehr schönen Holzfußboden, bequeme Betten und ein gutes Bad. Ob die Beleuchtung ausreicht? Das schaust du dir am besten selbst an.*

Verratet ihr mir eure Lieblingsrestaurants?

Ralph: Einmal das Cox an der Langen Reihe (S. 203) – wegen seiner kosmopolitischen, dabei sehr gediegen, entspannten Atmosphäre und dem guten Essen. Das gilt auch für das Bistrot Vienna. Wenn's schnell gehen soll, mögen wir den Gorilla-Grill (*www.gorilla-grill.de*) und den syrischen Imbiss Salibaba (Eppendorfer Weg 91).

Wo kauft ihr am liebsten ein?

Ralph: Sehr lässige Männerklamotten finde ich bei Blue de Gênes (S. 147). Und besondere Brillen-Designs gibt es bei Glassgo (*www.glassgo.de*).

Bettina: Wunderbar finde ich die Jacketts und Hosenanzüge aus englischer Wolle von Nele (S. 125). Außergewöhnliche Schuhe gibt's bei Scarpovine in der Schanze (*www.scarpovino.de*). Unbedingt probieren sollte man auch die tollen Kreationen wie das Rote-Bete-Sorbet in Joschis Eisladen auf St. Pauli (Neuer Kamp 19).

Was sollte man keinesfalls verpassen, wenn man in der Stadt ist?

Beide: Die Livekonzerte z. B. im Docks (*www.docks-prinzenbar.de*), im Übel & Gefährlich (*www.uebelundgefaehrlich.com*) und der Großen Freiheit (*www.grossefreiheit36.de*). Die Ausstellungen im Haus der Photographie (S. 27). Und: Einmal mit der Barkasse von den Landungsbrücken bis nach Teufelsbrück schippern und über den Elbwanderweg zurückgehen.

* *Ich hab's mir angeschaut: Für ein schnelles Abend-Make-up reicht die Beleuchtung aus.*

---

12 – Das Kleine Schwarze
Tornquiststr. 25
www.das-kleine-schwarze.com

Shops

1 Stories! am Falkenried
2 Kaufrausch
3 Le Marrakech
4 FKK Harm Jopp
7 Schokovida
8 Shop!
10 Kittel's
11 GO Schuhe
17 Bon Voyage Interieur

Markt

9 Isemarkt

Café

14 Valentinas BackSalon
15 Café Leonar

Essen

5 Tassajara
6 Was wir wirklich LIEBEN

Ausgehen

12 Holi
13 Abaton

Sightseeing

16 Hamburg City Sailing

LINKS DER ALSTER:
EPPENDORF & GRINDELVIERTEL

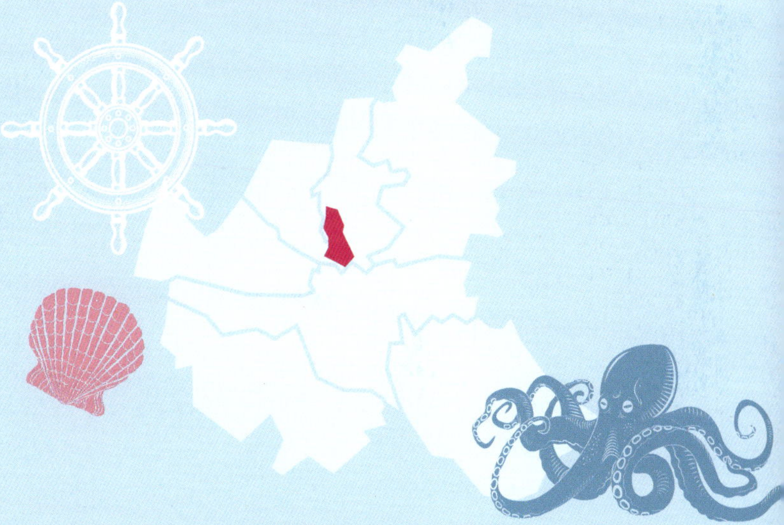

In Eppendorf, Hamburgs ältestem Dorf, in dem die Rapper Jan Delay und Samy Deluxe aufgewachsen sind, geht es gediegener zu als in den Szenevierteln. Prachtvoller wohnen als in den weißen Häusern aus Gründerzeit und Jugendstil kann man vielleicht nur noch an der Elbchaussee – und das muss man sich erst einmal leisten können. Unter Kaiser Wilhelm entstanden großbürgerliche Etagenhäuser mit Erkern und Türmchen. Weiße Villen säumen den Rand des westlichen Alsterufers, das sich von Eppendorf bis Rotherbaum erstreckt. Hier liegt auch der Grindel, der bis zum Zweiten Weltkrieg das Zentrum der in Hamburg lebenden Juden war – und heute wieder ist.

1 Stories! am Falkenried

Wenn anderswo die Lichter ausgehen, bittet diese Buchhandlung zum »Abendbrot« mit Schnittchen und Wein, während die Mitarbeiter ihre »Herzensbücher« vorstellen. Belletristik, Fotobände, Koch- und Kinderbücher sind hier die offensichtlichen Stars. Statt den Kopf zum Entziffern der Titel auf dem Buchrücken neigen zu müssen, lächeln mich die Cover frontal an. Einziges Problem: Welchen der rund 7000 Titel steuert man bloß als Erstes an? Zeit zum Überlegen und Schmökern habe ich bei einem Espresso an der Kaffeebar.

Straßenbahnring 17
www.stories-hamburg.de

FOTOGRAFIE
Paolo Pellegrin
Erwin Blumenfeld
LESEN
NEW YORK
MODE
ArchiFlop
PETER PAN
HUMANS OF NEW YORK
mare
GROSSE BUCH WILDEN TIERE
SCHÖNE BIEST
HERBARIUM ORBIS
BAZAAR
WOODLANDS

2 Kaufrausch

Was macht man, wenn man jede Menge kreativer Ideen gesammelt hat, aber nur über begrenzte Mittel verfügt? Einen Laden teilen! Die sieben Macher von Kaufrausch gehörten 1983 zu den ersten, die das Shop-in-Shop-System kultivierten. In dem schnuckelig verwinkelten Einkaufsparadies stöbert man sich auf drei Etagen durch bunte Geschenke, Dessous und Bademode, exklusiven Modeschmuck, schlichte Lederwaren, witzige Hüte, ausgefallenen Haarschmuck und individuelle Bekleidung für Männer und Frauen. Aber Achtung: Mancher ist hier schon in das verfallen, was der Name verspricht!

Isestr. 74, www.kaufrausch-hamburg.de

3 Le Marrakech

Okay, es ist ein wenig abgelegen. Aber um von 1001 Nacht zu träumen, ist dieser Weg nicht zu weit. Wer an der U-Bahn-Station Hoheluftbrücke mit der Buslinie 5 nach Nedderfeld fährt und zu Fuß weiterläuft (auch wenn er glaubt, falsch zu sein!), meint, mitten in einem marokkanischen Palast gelandet zu sein. Orientalische Keramik, bunte Teegläser, opulente Tabletts und fantastische Fliesen machen sich aber auch in unseren Breitengraden gut. Wenn Sie schon einmal da sind, bleiben Sie zum arabischen Abendessen unter einem Himmel aus gefühlt hundert Leuchtobjekten, von denen keines wie das andere ist!
Kellerbleek 10, www.lemarrakech.de

4 FKK Harm Jopp

Auch wenn das vorangestellte Kürzel anderes suggeriert: Sie dürfen Ihre Kleidung anbehalten. Aber vermutlich werden Sie die freiwillig ablegen, sobald sie den Laden von Stefan Harm und Tobias Jopp betreten haben. Die beiden Hamburger Designer meinen mit »FKK – Freiheit Körper Kultur« nichts anderes, als das, was Sie spüren, wenn Sie die Blazer, Blusen, Jacketts, Röcke und Hosen überstreifen. Die schmeichelnden und schmeichelhaften Jerseyteile schmiegen sich tatsächlich so angenehm an den Körper, als wäre man nackt – und sehen dabei noch zeitlos lässig-elegant angezogen aus.

Hegestr. 21, www.fkk-fashion.com

5 Tassajara

Es gab mal eine Zeit, da aß man am liebsten Fleisch. Das war so bis in die Mitte der 1970er-Jahre. Dann mogelte sich der Inder Karamjit Singh Witzorek mit seinem Golden Temple, wie das Tassajara früher hieß, in die Szene und kochte sich mit der fleischlosen seiner Heimat in den Genießer-Olymp. Heute steht mit Sohn Kevin ein Generationswechsel an. Doch die Kreativität und Qualität in dem schummrig-gemütlichen Lokal ist unverändert, wie ich beim süß-würzigen *Teryaki* mit Champignons, Blumenkohl, Kurkuma und oberköstlicher Senfsauce feststelle. Für mich Hamburgs Veggie-Nummer eins!

Eppendorfer Landstr. 4, www.tassajara.de

TASSAJARA
VEGETARISCHES
RESTAURANT
40

6 Was wir wirklich LIEBEN

Regionale, nachhaltige Speisen – bei jungen Gastronomen ist das beinahe schon eine Selbstverständlichkeit. Johannes Schröder aber ist noch näher an den Erzeugern dran. Der Bauernsohn bezieht die meisten seiner Produkte vom elterlichen Kastanienhof in der Lüneburger Heide. Das Frühstück wird in drei Varianten aufgetischt: vegetarisch, in einer kleinen und großen Klassik-Variante (am Wochenende bis 16 Uhr!). Extra lecker und supergesund: das »Gemüsebeet« mit Brot, Avocado-Hummus oder Kräuterquark.
Hegestr. 28
www.waswirwirklichlieben.de

7 Schokovida

Auf Süßigkeiten kann ich weitgehend verzichten. Nur auf eine nicht: gute Schokolade. Die ebenso schokobegeisterten Berit Windisch und Oliver Rohlf nebst Familie stellen unter dem Namen Schokowerk Hamburg aus Kakaobohnen heimatverliebte Eigenkreationen her. Etwa die zum sofortigen Vernaschen führenden Schokotaler mit Kakaobohnensplitter oder die retromäßig verpackte Edelbitter-Schokolade für seute Deerns. Wer morgens schon seine erste Schoko-Dosis braucht, greift zu den Aufstrichen. Ich stehe total auf »Butschi«, den mit Wellensittich verzierten Akazienhonig mit Edelbitter – mmh!

Hegestr. 33, www.schokovida.de

8 Shop!

Der Fußboden ist schwarz-weiß gefliest, alles obendrüber jedoch von der heiteren Leichtigkeit eines Sommertags. *Fashionistas* werden sich in die *Casuals* von Velvet, edle Blusen von Artigiano, pastellige Twiggy-Kleider von Goat oder Picasso-Shirts von St. James verlieben. Hinreißende Geschenke finden sich in der Papeterie von Lulu Guiness und Lacroix: Geschenkkarten, Kalender, Booklets mit Goldschnitt u. v. m. Der Laden heißt kurz Shop!. Dieser Aufforderung kommen wir gerne nach und treten beschwingt den Heimweg an – selbst wenn die Einkaufstasche um einige Kilo schwerer ist.

Hochallee 124, mehr auf Facebook

9 Isemarkt

Ein Freitag ohne Wochenmarktbesuch? Undenkbar für die Eppendorfer und alle, die den Isemarkt für den schönsten der ganzen Stadt halten. Der längste ist er mit seinen 970 Metern allemal. Oben rattert die U 3 über die historische Hochbahntrasse, unten erstreckt sich die quirlig-bunte Einkaufsmeile, auf der fast jeder jemanden zu kennen scheint. Was den Isemarkt über das klassische Angebot hinaus besonders macht, sind die spezialisierten Stände, u. a. mit luftigen Macarons, Bürsten für jeden Zweck, exzellente Honige, oder der Stand vom Pilzmann.

Isestr. 1–73, www.isemarkt.com
Jeden Dienstag und Freitag von 8–14 Uhr

10 Kittel's

Wäre Alexander Kittel in Hamburg geboren, hätte man ihm seine Liebe zu England in die Wiege gelegt. Der Halb-Brite hat sie jedoch mit der Muttermilch aufgesogen. So weiß er genau, wo er wahre *Fine British Goods* suchen muss: restaurierte Kleinmöbel und Hutschachteln, Portemonnaies mit schottischen Tartans, edle iPad-Taschen, Tee-Keramik von Burleigh, Bodycare von Neal's Yard Remedies, distinguierte Herrendüfte von D. R. Harris bis hin zu Delikatessen aus Cornwall und Devon. Am besten zum *Afternoon Tea* hereinschauen, dann gibt es handgemachte *scones* mit *clotted cream*!
Lehmweg 47, www.kittels.com

11 GO Schuhe

Mehr als ein paar wenige hochglanzlackierte Regale braucht es nicht, denn die Hauptdarsteller sind exklusive Schuhe. Ultrafeminine *Loafers*, *Sabots* und *Overknees* von AGL neben *funky Boots* von Rocco P., Sandalen von Miu Miu neben schön patinierten *Ankle Boots* von Sartore oder der weiblichen Ausgabe von See by Chloé. In die Sneakers von Philippe Model und Absatz-*Loafers* von Trumans dürften sich sogar jene Hanseatinnen verlieben, die sich an Farbe wagen. Diese Adresse für Außergewöhnliches ist nicht ganz billig, aber in jedem Fall aufsehenerregend!

Eppendorfer Baum 20
Mehr Infos auf Facebook

Das Grindelviertel mit seinen vielen Kneipen und Restaurants hat eine bewegte jüdische Geschichte. Hier gründete die Schauspielerin Ida Ehre nach Ende der Nazi-Herrschaft die Hamburger Kammerspiele (www.hamburger-kammerspiele.de)

12 Holi

Schräg gegenüber der Grindelhochhäuser, die auf dem zerstörten jüdischen Viertel erbaut wurden, befinden sich die »Hochhaus-Lichtspiele«. Das Repertoire an all den wunderbaren Filmen, die es nicht in große Multiplex-Paläste schaffen, ist ein Grund dorthin zu gehen. Der zweite: In keinem anderen Kinosaal lässt es sich vor dem Vorspann so perfekt träumen. Auf dem Original-Vorhang im großen Saal zeichnen Tausende Pailletten Hamburgs Skyline nach. Wie schön: Diese Flimmer-Institution hat so viele Anhänger, dass die Chancen für ein Überleben der niveauvollen Kinokultur gut stehen.
Schlankreye 69, www.cinemaxx.de

13 Abaton

Wenn sich Schauspieler, Regisseure, Autore und andere Kreative Filme anschauen oder Premiere feiern, gehen sie am liebsten dorthin, wo Filmkunst noch wörtlich genommen wird. Das Abaton hat sich jenseits der Popcorn- und Taco-Kultur seinen alternativen Charme bewahrt. Klassiker des Tonfilms laufen ebenso wie anspruchsvolle Themenreihen und Dokumentationen, aktuelle Filme vorzugsweise im Original mit Untertiteln. Die Sonntagsmatineen sind mit hochkarätigen Vortragsrednern besetzt. Anschließend geht's ins Bistro, um darüber zu reden.

Allendeplatz 3/Ecke Grindelhof

www.abaton.de

14 Valentinas BackSalon

Katrin Rauser liebt Kuchen wie von Omi gebacken. Und ihr süßes Café sieht aus, als wäre man in Großmutters guter Stube zu Besuch. Wir sitzen vor groß geblümter Tapete auf grün gestreiften Stühlen. Musik des goldenen Zeitalters läuft im Hintergrund, während wir uns von Apfel-Mandelcreme-Torte und Nussecken verführen lassen – tatsächlich von lauter Omis gebacken. Denn hier können sich Seniorinnen mit dem Backen von Kuchen, Torten und Keksen die Rente aufbessern. Das Geschmacksergebnis ist märchenhaft!
Schlüterstr. 79
www.valentinasbacksalon.de

Valentinas BackSalon & Café

15 Café Leonar

Als Ort des kulturellen Austauschs mit Musik und Lesungen hat der gemeinnützige Verein Jüdischer Salon das Café Leonar ausgewählt, ein Lokal, wie man es wohl auch in Israel finden könnte. In den Regalen findet sich jüdische Literatur. Auf den Tisch kommt zwar kein koscheres Essen, dafür Mohnwaffeln zum Frühstück, Mezze zum Mittag und abends offeriert die kleine Karte Gerichte mit allen internationalen Einflüssen, die die jüdische Küche auszeichnen. Vielleicht wird hier sogar der beste Kaffee der ganzen Stadt serviert. Einfach mal probieren!
Grindelhof 59
www.cafeleonar.de

16 Hamburg City Sailing

Wirklich überwältigend ist der Blick auf die unbezahlbaren Millionenvillen vom Wasser aus. Und dieses Vergnügen ist durchaus erschwinglich. Die Alster ist für Kanu- und Tretbootfahrer ein Paradies – und das Revier von Georg Büsch. Mit ihm oder anderen aus seiner Crew gleiten Sie (nach Voranmeldung) unter vollen Segeln über die Außenalster. Der Törn führt vorbei an den traumhaften Wassergrundstücken, begleitet von Schwänen und natürlich maritimen und historischen Anekdoten. Wer sich traut, darf dabei selbst mal ans Ruder.

Start am AlsterCliff, Fährdamm 13
www.hamburg-city-sailing.de

JANINA KRINKE
BON VOYAGE
INTERIEUR
Interior – zeitlos und stilvoll

ES IST EIN BISSCHEN WIE URLAUB IM SÜDEN, wenn man Janina Krinke in ihrem Interior-Laden in Eppendorf besucht. Ich tauche ein in den heiter-beschwingten Mix aus Mitbringseln – von feiner Papeterie über Duftkerzen, Tischwäsche, Keramik, Kissen und Körben bis zu Sofas, Beistelltischen, Leuchten, Spiegeln und vielem mehr. Mit ihrem Blick für das Außergewöhnliche, ihrem Gefühl für Stil und zeitlose Trends hat die Modejournalistin schon die Leserinnen der wichtigsten deutschen Frauen- und Lifestylezeitschriften glücklich gemacht. Jetzt gibt es ihre Souvenirs von den schönsten Orten und Messen der Welt auch zum Anfassen und mit nach Hause nehmen.

Janina, wie bist du auf die Idee für deine Interior- und Lifestyle-Boutique gekommen?

In Hamburg gibt es etliche Läden im skandinavischen Bereich, das Design ist dort eher schlicht und reduziert. Das finde ich auch sehr schön, aber mir fehlte die gewisse Prise Boho, ein wenig Eklektik und französische Eleganz. Und vor allem Farbe! Dazu kommt: Ich liebe es, zu reisen und unterwegs zu sein, dort besondere Dinge zu entdecken und mich inspirieren zu lassen. Und weil meine Produkte aus vielen unterschiedlichen Ländern kommen, passt der Name Bon Voyage Interieur einfach perfekt.

Worauf bist du besonders stolz?

Für ein Magazin haben wir vor einigen Jahren eine Geschichte über die französische Interieur-Designerin Sarah Lavoine gemacht, da wusste ich, diese Kollektion möchte ich mal verkaufen. Ihren Stil finde ich toll, sie hat ein wahnsinnig tolles Gespür für Farben. Ihre Kollektion verkaufe ich exklusiv in Deutschland. Außerdem bieten wir Interieur-Design und komplette Wohnkonzepte an. Nach meiner Erfahrung haben viele Kunden gerade beim Thema Farben Berührungsängste und freuen sich über ein tolles Farbkonzept, manchmal kann schon das ein Wunder in der Raumatmosphäre bewirken.

Was magst du an Eppendorf?

Hier gibt es besonders viele kleine, individuelle Boutiquen abseits des Mainstreams und viele schöne Cafés und Restaurants – vor allem rund um den Eppendorfer Baum, die Hegestraße und den Lehmweg. Außerdem sind fast alle Straßenzüge von wunderschönen Altbauten und kleinen Parks gesäumt. Und der zweimal in der Woche stattfindende, sehr charmante Isemarkt (S. 170) ist auch einzigartig – für mich wird dort ein wenig Pariser Flair in Hamburg spürbar.

Was verbindest du mit Hamburg?

Das Tuten der Schiffe im Hafen ... das geht einem oft durch Mark und Bein und erzeugt immer wieder Fernweh!

Was inspiriert dich in dieser Stadt?

Der Hafen. Die Architektur wie die historische Speicherstadt und als Kontrast dazu moderne Bauten wie die Elbphilharmonie (S. 14), die Backsteinbauten von Fritz Schumacher, dazu die Villen an der Elbchaussee, aber auch der von Hadi Teherani entworfene Berliner Bogen am Berliner Tor. Und natürlich das Gemisch aus Menschen unterschiedlichster Kulturen.

Welches sind deine Lieblingsorte?

Die sonst so belebte Strandperle am Övelgönner Elbstrand (S. 84) ist früh am Morgen ein beinahe verwunschener Ort. Ich spaziere auch gerne durch den Jenischpark in Othmarschen oder entlang der kleinen Fischerhäuschen im Blankeneser Treppenviertel (S. 213). Und ich liebe den Grindelhof mit all seinen Cafés und Restaurants.

Wo gibt es denn für dich das beste Frühstück?

Wenn ich Appetit auf ein hervorragendes Birchermüsli habe, gehe ich zu Balz & Balz (*www.balzundbalz.de*). Herrlich knusprig sind die Brötchen mit Serrano-Schinken im Hej Papa (S. 47). Die frischesten Säfte und dazu Rühreier mit Avocado genieße ich bei Was wir wirklich LIEBEN (S. 166).

Wo isst man am leckersten?

Unbedingt probieren sollte man die Mezze-Variationen bei Neni in der HafenCity (S. 23). Und die besten Drinks der Stadt, aber auch eine erstklassige *Tajine* gibt es im Bistro Carmagnole im Schanzenviertel (*www.carmagnole.kr*).

Was machst du mit Freunden, die das erste Mal nach Hamburg kommen?

Wir starten in den Tag mit einem Frühstück in der Strandperle. Weiter geht es elbabwärts zu einem Spaziergang durch das Blankeneser Treppenviertel. Dann schaffen wir es hoffentlich noch rechtzeitig zum Einkaufen auf den Isemarkt. Und bei schönem Wetter mieten wir uns ein Tretboot oder Kanu für eine Fahrt durch die Alsterkanäle, zum Beispiel beim Supper Club (*www.supclubhamburg.de*), die packen für die Bootspartie wunderbare Picknickkörbe, die mit allerlei Köstlichkeiten gefüllt sind.

17 – Bon Voyage Interieur
Lehmweg 32
www.bonvoyageinterieur.com

Südweg
Wiesendamm
Großheidestraße
Sierichstraße
Maria-Louisen-Straße
Goernestraße
Eppendorfer Landstraße
Loogestraße
Curschmannstr.
Krohnskamp
Barnbeker Straße
Semperstraße
Jarrestraße
Mühlenkamp
St. Benedictstraße
Weidestraße
Fernsicht
Sierichstraße
Harvestehuder Weg
Rothenbaumchaussee
Hochallee
Parkallee
Beethovenstraße
Zimmerstr.
Grindelallee
Herbert-Weichmann-Straße
Hofweg
Winterhuder Weg
Harvestehuder Weg
Mundsberger Damm
Armgartstraße
Außenalster
Mühlendamm
Sechslingpforte
An der Alster
Koppel
Lange Reihe
Steindamm
Wallringtunnel
Kirchenallee
Kurt-Schumacher-Allee
Altmannbrücke
Steinstraße
Willy-Brandt-Straße
Shops
2 Schmucktochter
4 Wilke Optik
8 Himmel und Erde
10 Pet Shop Boyz
11 Mutterland
15 Serena Goldenbaum
Café
6 Alsterperle
9 Café im Literaturhaus
Essen
1 3 Tageszeiten
13 Cox
Ausgehen
3 Kampnagel
14 Hansa-Varieté-Theater
5 Planetarium
Hotels
7 The George
12 Hotel Village

RECHTS DER ALSTER:
VON WINTERHUDE NACH ST. GEORG

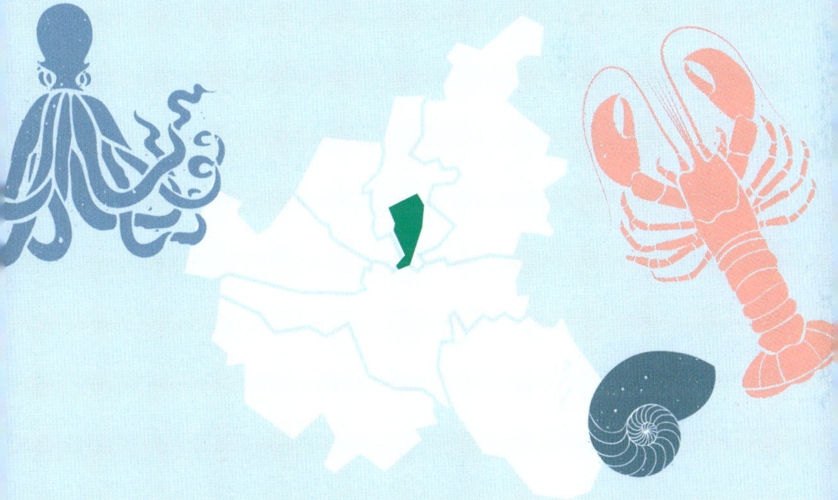

Winterhude hat viele Gesichter: feine Villenquartiere neben der backsteinernen Jarrestadt, die in den 1920er-Jahren für einfache Arbeiter gebaut und am Ende doch zu teuer für sie wurde. Zwischen Kanälen und dem Rondeel-Teich stehen elegante Wohnhäuser, im Norden grenzt das Büroviertel City Nord an den Stadtpark mit seinen Teichen und Grünflächen. Das Herz Winterhudes schlägt aber zwischen Goldbekufer, Mühlenkamp und Gertigstraße mit hübschen Geschäften und quirligen Kneipen zwischen üppigem Grün. Von hier aus schlendern Sie an der Alster entlang bis nach St. Georg, zum nächsten liebenswerten Quartier.

1 3 Tageszeiten

Eins der besten Lokale des Viertels haben zwei gastronomische Quereinsteiger gegründet. Ex-Werber Ralph Larouette und Ex-Model Bettina Hagen servieren in ihrem – ja, was ist es eigentlich? – Frühstückscafé, Mittagsbistro und Abendrestaurant Feines aus Zentraleuropa: griechischen Joghurt und italienische Fenchelsalami. Wild aus heimischer Jagd und Susländer Schweine von nahen Höfen. Bitte unbedingt den Bretonischen Fischeintopf probieren! Oder (nur Donnerstagmittag) das Wiener Schnitzel mit Kartoffelsalat, wie ihn die elsässische Großmutter Emilie Larouette zubereitete – legendär!
Mühlenkamp 29, www.3tageszeiten.de

2 Schmucktochter

Wenn Annika Taschinski von der Elbgold-Rösterei (S. 116) von etwas schwärmt, muss es etwas Besonderes sein. So etwas wie der Schmuck von Carolin Winkler. In ihrem Ladenatelier fertigt die Goldschmiedin zauberhafte Ohrhänger aus Perlen und Edelsteinen oder Armbänder aus Lavagestein. Ebenfalls für die Ewigkeit gedacht sind ihre »Stempeldinge« – Ringe, Armbänder oder Manschettenknöpfe, auf die sie mit Schlagbuchstaben nach Wunsch Liebesschwüre, Lebensmotti oder Kosewidmungen prägt. Oft kopiert, aber qualitativ nie erreicht.

Poelchaukamp 23
www.schmucktochter.de

Nicht so boulevardesk wie die Elbe, dafür wildromantisch sind die als »Fleete« bezeichneten Wasserstraßen, die man mit Ausflugsdampfern oder kleinen Booten befahren kann

3 Kampnagel

Abseits der schillernden Straßen und des Mainstreams liegt in der Jarrestadt Deutschlands größte freie Spiel- und Produktionsstätte. Kampnagel, das sich selbst als Labor für Ideenentwicklung, als Ort für Kontroversen und lebendiger Konzertsaal begreift, reiht sich mit seinen Festivals von Musik, Tanz, Theater und Performance in die internationale Liga ein. Dass hier einst eine Kranfabrik ansässig war, ist an den gewaltigen Dimensionen des Hallenkomplexes zu erkennen. Dieser beherbergt u.a. neun Probenräume, ein Restaurant sowie sechs Bühnen, auf denen fast täglich einmalige Events stattfinden.
Jarrestr. 20, www.kampnagel.de

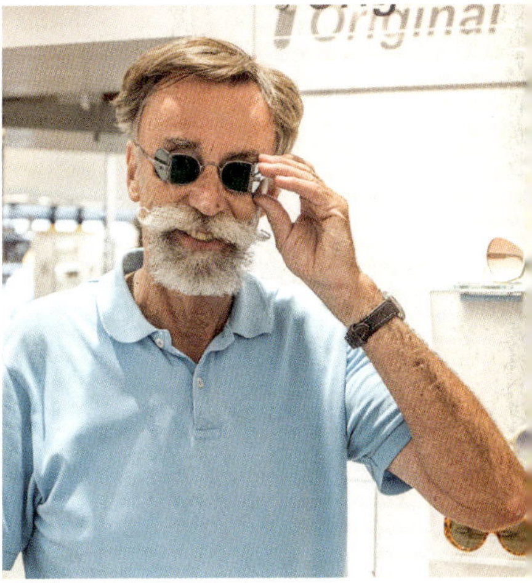

4 Wilke Optik

Sie stehen vor dem Optiker schräg gegenüber von Kampnagel und fragen sich: Warum in aller Welt haben die mich hergeschickt? Dann treten Sie mal ein! Hier finden Sie nicht nur Designermarken wie Sonia Rykiel, Gucci, Marc Jacobs und Hamburg Eyewear, sondern auch kultige Vintagebrillen (fabrikneu!) sowie historische Brillen aus allen Epochen. Der Chef öffnet (nach Anmeldung) gerne sein Brillenmuseum, das durch Sammelreisen zu stillgelegten Brillenfabriken in Frankreich, Italien und England entstanden ist. Und ja, auch die antiken Teile kann man kaufen – sie haben jedoch ihren Preis.

Jarrestr. 37, www.wilke-optik.de

Tief durchatmen: Am frühen Morgen und späten Abend legt sich erholsame Stille über den Stadtparksee

5 Planetarium

Der Stadtpark ist Hamburgs grünes Wohnzimmer – mit Spiel- und Sportplätzen, Freibad, Biergarten und einem Becken, in dem Freizeitkapitäne Modellboote fernsteuern. Über allem thront das Planetarium im Wasserturm. Hier ist man dem Himmel ein Stück näher, im doppelten Sinn: Klavierkonzerte erklingen unterm Sternenhimmel, Multivisionsshows erleuchten die Kuppel, und man startet zu einem Nachtflug durch die Galaxis. Wenn Sie wieder auf der Erde angelangt sind, haben Sie gelernt, in den Sternen zu lesen – sehr romantisch und garantiert unvergesslich!

Hindenburgstr. 1 b
www.planetarium-hamburg.de

6 Alsterperle

Es gibt Plätze, die sind so schön, dass man am besten niemandem verrät, wo sie sich verstecken. Im Fall dieses reizenden Klohäuschens hat es sich schon herumgesprochen … Es ist zwar immer noch ein stilles Örtchen am Alsterufer, aber nicht das, was Sie jetzt denken! Hier wird locker gekocht und gegrillt. Vor allem genießen Sie unter dem Blätterdach uralter Bäume den allerschönsten Blick über die Außenalster inklusive Stadtsilhouette – versprochen! Und zwar mit heißem Kakao den Sonnenaufgang und noch mal den Sonnenuntergang bei einem kühlen Bier.

Eduard-Rhein-Ufer 1

www.alsterperle.com

7 The George

Okay, jetzt muss es raus: Von wenigen Ausnahmen abgesehen empfehle ich Hotels, hinter denen Kai Hollmann steht. Es ist purer Zufall, er hat mich nicht dafür bezahlt. Aber der Hanseat entwickelt nun mal die innovativsten Hotelkonzepte. Dabei wird so viel Feingefühl für seine Gäste spürbar, dass man lange nach Vergleichbarem suchen muss. So auch in dieser eleganten Oase im lebendigen St. Georg. Im Hof ein stiller Garten, auf dem Dach eine Terrasse mit fulminantem Ausblick, das Interieur im New-English-Style, dazu ein wohldosierter Mix aus zeitgenössischen Stilbrüchen – perfekt zum Wohlfühlen!

Barcastr. 3, www.thegeorge-hotel.de

8 Himmel und Erde

Welche Blumen neben den Amaryllis zu dem verwunschenen Traum komponiert wurden, den meine Freundin Ulrike mir zum Geburtstag geschenkt hat, daran erinnere ich mich nicht mehr im Detail. Aber das Bouquet war hinreißend! Gleiches gilt für das Geschäft, in dem sie es hat binden lassen. Moritz Leonhardt und Mario Mahlstedt lassen Brunnen plätschern, sie binden Handsträuße mit ebenso viel Kreativität und Hingabe, wie sie botanische Raritäten zu Skulpturen stilisieren, die irgendwo zwischen Himmel und Erde geschaffen wurden. Märchenhaft!

Hofweg 8
www.himmelunderde-hamburg.de

9 Café im Literaturhaus

Es ist vieles gewesen: Gartensaal, heilgymnastische Privatanstalt, Mädchenwohnheim, am Ende stand es leer. Dann kaufte die ZEIT-Stiftung das Gebäude, sanierte es und stellte es dem Literaturhaus e. V. mietfrei zur Verfügung. In den wunderbar stuckatierten Räumen genießen Sie traditionelle Kaffeehauskultur und können bei einer Tasse Tee in internationalen Tageszeitungen blättern. Das Frühstücksangebot trägt Schriftstellernamen wie Colette, Theodor Storm oder Richard Yates und ist ebenso reichhaltig wie köstlich.
Schwanenwik 38
www.literaturhauscafe.de

Die Lange Reihe ist ist so etwas wie ein Luxus-Kiez, mit historischen Häusern und einem leicht schrägen Charme

10 Pet Shop Boyz

Wenn ich meinen Hund glücklich machen möchte, gehe ich in den Laden von Mathias Hoffmann. Zwischen Alsterufer und Lange Reihe hat sich der Hundefreund den Traum vom Fachgeschäft für Schickes und Leckeres für Wuffis erfüllt. Darunter auch Fridas Lieblings-*Goodies*: getrocknete Pferdezunge. Neben edlen Hundebetten hat Mathias Leinen und Halsbänder, die ohne Glitter und Glimmer auskommen. Die im Rahmen eines Sozialprojekts von Massai-Frauen mit Glasperlen handbestickten sind in Fridas Größe leider gerade nicht da. Aber es gibt ja einen guten Grund wiederzukommen.
Schmilinskystr. 15, www.petshopboyz.de

11 Mutterland

Norddeutschland war lange Zeit kein Gourmet-Eldorado. Was wohl daran lag, dass die Erzeuger aus der Heimat über den Run auf das Supermarkteinerlei in Vergessenheit gerieten. Weit bevor der Hype um Regionales um sich griff, hatte Jan Schawe es wiederentdeckt. In seinem einem Kolonialwarenladen gleichenden Stammgeschäft finde ich Slowfood-Konfitüren, Pralinen, Obstbrände, Tee, Kaffee sowie Bio-Milchprodukte und Bäcker-Brot mit Knusperkruste aus deutschen Landen. Und nehme meist noch ein Stück Quiche mit nach Hause.

Ernst-Merck-Str. 9 / Ecke Kirchenallee
www.mutterland.de

„Ahoi"
Schuss

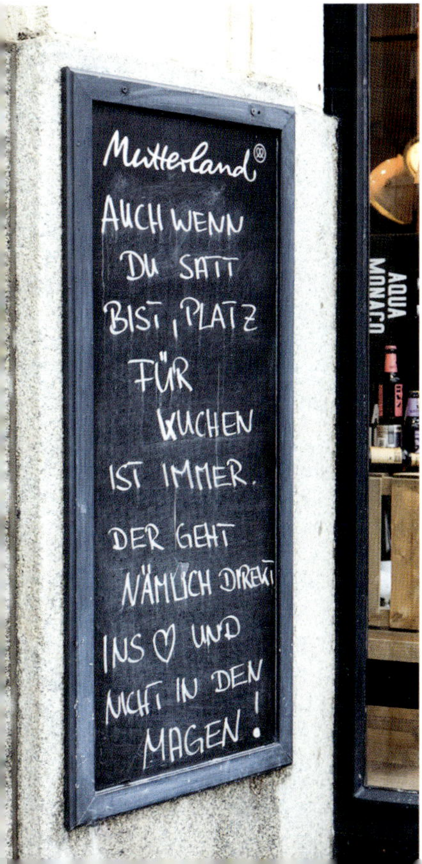
Mutterland®
AUCH WENN
DU SATT
BIST, PLATZ
FÜR
KUCHEN
IST IMMER.
DER GEHT
NÄMLICH DIREKT
INS ♡ UND
NICHT IN DEN
MAGEN!
AQUA
MONACO

GHORBAN
OLIO DI
OLIVA
CRETA

12 Hotel Village

Schon wieder ein Foto-Shooting! Nicht ungewöhnlich in diesem Hotel mitten im Bahnhofsviertel. Bis Ende der 1980er-Jahre vergnügte man sich hier im nobelsten Bordell Norddeutschlands. Heute geht es züchtig zu. Dabei haben die jetzigen Betreiber das plüschige Ambiente bewusst erhalten und um moderne Details ergänzt. Viele Zimmer sind mit seidenen Wandbespannungen, Baldachinen und Spiegeln über und teilweise hinter den ebenso ausladenden wie bequemen Betten ausgestattet. Der urige Frühstücksraum wirkt herrlich altmodisch. Für alle, die es ein bisschen anders mögen. Mein Neffe liebt es!

Steindamm 4, www.hotel-village.de

13 Cox

Es sieht aus, als hätte es sich in den Jahrzehnten seines Bestehens nicht verändert: Die Wände cremefarben, die Sitzbänke weinrot, dunkle Holztische zwischen den Säulen, die Atmosphäre sowie die Gäste entspannt elegant, das Essen vorzüglich. Nur die Speisenauswahl ist internationaler geworden. Zum Lunch werden überschaubare Portionen zum fairen Preis gereicht. Am Abend überrascht uns ein gebratener Rochenflügel mit Limonen-Kapern-Butter sowie gebackener Römersalat, gefüllt mit Taleggio und Trüffeln, angereichert mit Roter Bete im Schnittlauchsud – einfach zum Daniederknien!

Lange Reihe 68, www.restaurant-cox.de

14 Hansa-Varieté-Theater

Hinter der unscheinbaren Fassade verbirgt sich eine magische Welt. Zur Blütezeit des Varietés standen hier Josephine Baker, Hans Albers, die Comedian Harmonists und Harry Houdini auf der Bühne. Doch irgendwann war Varieté nicht mehr gefragt, der letzte Vorhang fiel – bis die Theatermacher Thomas Collien und Ulrich Waller die Legende wieder wach küssten. Die Pudelnummer aus meiner Kindheit wird nicht mehr gezeigt, aber dafür treten internationale Varietékünstler der Extraklasse im anrührend nostalgischen Ambiente auf. Applaus!

Steindamm 17, www.hansa-theater.de

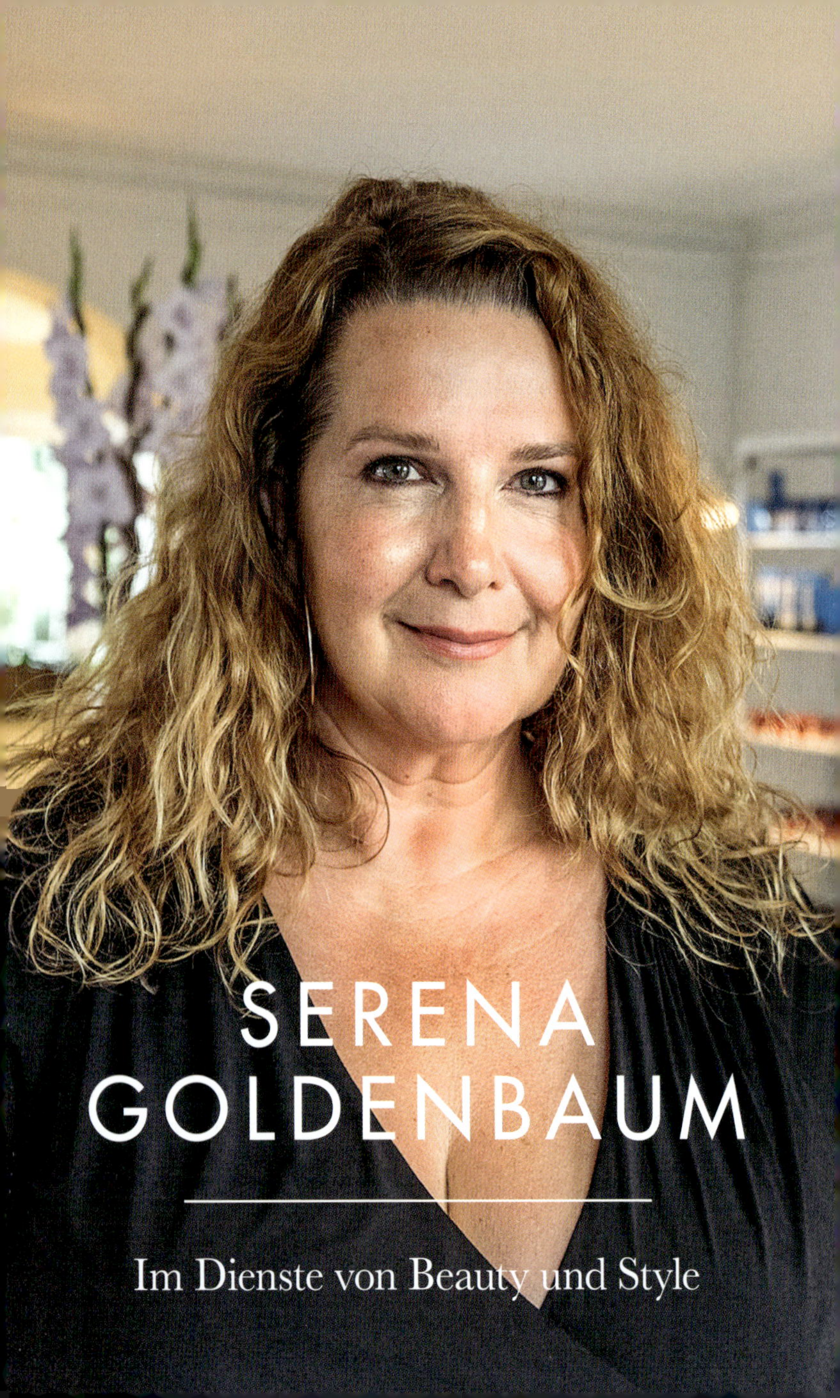

SERENA GOLDENBAUM

Im Dienste von Beauty und Style

SIE HAT DIE SCHÖNSTEN MODELS DER WELT NOCH SCHÖNER GEMACHT: die Hairstylistin und Make-up-Artistin Serena Goldenbaum. Seit 30 Jahren arbeitet sie für Fashion-shows, Fernsehen, Film, Werbeshootings, Musikvideos, Kosmetikfirmen oder Prominente. Sie hat in Miami, London, New York und Madrid gelebt und Trends gesetzt. Aber zu Hause fühlt sie sich in Uhlenhorst.

Serena, wann hast du deine Beauty-Leidenschaft entdeckt?

Ich wusste schon immer, dass ich Menschen verschönern wollte, indem ich ihr Äußeres verändere, um deren Selbstbewusstsein und Auftreten zu stärken. Ich bin viel durch die Welt gereist, aber dann habe ich mir in meinem wunderschönen Studio in Hamburg den Traum erfüllt, auch ganz normalen Frauen (und Männern) in allen Beauty-Fragen zur Seite zu stehen.

Warum ist Beauty so bedeutend?

Beauty ist ein tolles Tool, um sich selbstbewusster, selbstsicherer und kompetenter zu zeigen. Besonders deutlich erlebe ich das bei Stars, Topmodels und Prominenten, die sich deutlich selbstsicherer fühlen, wenn sie wissen, dass sie bestmöglich aussehen. Das geht natürlich auch anderen Frauen und Männern so. Beispielsweise Mütter, die sich ausgelaugt und abgespannt fühlen, sind wieder viel energiegeladener und fühlen sich wieder mehr als Frau, wenn wir ihnen einige kleine Beautytricks zeigen oder die richtige Frisur, die zu ihrem stressigen Alltag passt. Oder ältere Frauen, die in unserer Make-up & Stylebar hellere Paintings bekommen, die das Gesicht frischer und leuchtender aussehen lassen, sodass sie sich auf das Älterwerden freuen können. Wir zeigen in Make-up-Workshops, Beauty- und Colour-Coachings, Styling-Workshops und im Hair Service, wie man das auch selbst zu Hause anwenden kann.

Du bist viel herumgekommen und kannst uns ganz sicher verraten, was typisch hamburgisch ist …

Typisch hamburgisch ist die Nähe zur See, die klare Luft, das Wasser. Und natürlich der plattdeutsche Akzent, den ich liebe, wenn ich auf den Gemüsemarkt gehe und ein nettes »Na, min Deern« höre. Dazu die Segelboote auf der Alster, die Containerschiffe aus aller Welt im Hafen. Aber auch das »sich schick machen«, wenn man abends in ein fancy Restaurant geht.

Was inspiriert dich an dieser Stadt?

Die Kontraste: Für mich verbindet sich ein weltoffenes, internationales Hamburg mit Hafen und Shopping am Jungfernstieg mit dem traditionellen Hamburg – das sind die Apfelbauern im Alten Land, die Gewächshäuser in Curslak oder das Radfahren am Deich entlang der Elbe – und dem enormen Kulturangebot einer modernen, pulsierenden Stadt.

Welches sind deine Lieblingsorte?

Ich liebe die Alster, die von jeder Parkbank anders aussieht. Am liebsten sitze ich in der Alsterperle (S. 194) oder an Bodo's Bootssteg (*www.bodosbootssteg.de*), denn da meint man nicht, in einer Großstadt zu sein. Und ich mag die Elbe, möglichst auf dem Schiff. Beim Hundespaziergang laufe ich am liebsten durch den Stadtpark oder entlang dem Elbufer. Auf einen Sundowner treffe ich mich gerne im A.mora (*www.amora.com*) vor dem Atlantik Hotel.

Wo gibt es das beste Frühstück?
Direkt nebenan in der Näscherei (Papenhuder Str. 30). Praktisch, oder? Dort gibt es den besten Soja-Latte Macchiato und selbst gebackenen Kuchen der Stadt. Ich sage nur Schokoladenkuchen! Der macht süchtig.

Wo isst man am leckersten?
Ich habe das Glück, mit meiner Make-up & Stylebar in Uhlenhorst zu sein. Da brauche ich nur ein paar Schritte, um exzellent zu essen. Gleich gegenüber ist die Uhlenhorster Weinstube (*www.uhlenhorster-weinstube.de*). Da ich kein Weintrinker bin, hätte es mich wohl nicht dorthin geführt, aber aus allen Ecken kamen Empfehlungen. Nun weiß ich auch warum: Das Essen ist exzellent, und das zu einem super Preis. Vor dem Flammkuchen und Tomatensalat (mein Stammessen) gibt es dienstags immer Tatar – mein Mann und mein Sohn lieben das! Mit Kunden besuche ich das schicke Rexrodt (*www.restaurant-rexrodt.de*), die auch tolle Kochkurse anbieten. Und als Sushi-Fan gehe ich gerne in das Coast by East (*www.coast-hamburg.de*).

Und hast du ein paar nette Tipps für eine lange Nacht?
Wenn ich ausgehe, dann am liebsten ins Nikkei Nine im Vier Jahreszeiten Hotel (*www.hvj.de/de/nikkei_nine*). Donnerstag bis Samstag gibt's tolle Musik.

Welche drei Dinge sollte man in Hamburg keinesfalls verpassen?
Eine Hafenrundfahrt mit der Barkasse (S. 7). Zu Fuß einmal um die Binnenalster spazieren und mit dem Leihfahrrad (S. 7) die Außenalster umrunden!

---

15 – Serena Goldenbaum
Papenhuder Str. 30
www.serenagoldenbaum-beauty.de

SERENA GOLDENBAUM
MAKE-UP & STYLE BAR

1 Ponton Op'n Bulln

Rund 10 000 Schiffe laufen den Hafen jährlich an. Dabei müssen die Pötte mit gedrosseltem Tempo ihren Weg durch die schmale Elbfahrrinne finden. Tagsüber sieht man den wendigen Schlepperbooten vom Ponton aus zu, wie sie die bis zu achtmal höheren Containerschiffe bremsen, drücken oder auf Spur zurückschieben. Am Abend hocken dann Blankeneser neben Normalos und Quiddjes beim Sundowner mit Matjesbrötchen oder Lachsfrikadellen. Gemeinsam genießen sie bei Sonnenuntergang, wie eine unsichtbare Hand die schwimmenden Riesen vor der Hafenkulisse entlangschiebt.
Strandweg 30, www.pontonopnbulln.de

2 Treppenviertel

Früher hat der Strom viele Menschen ernährt, Fischer etwa oder Schiffslotsen. Klar, dass die sich nah an ihrem Arbeitsplatz ansiedelten, auch wenn sie dafür ein paar Stufen in den Hang bauen mussten. Na, jedenfalls hat das wohlhabende Blankenese den einfachen Arbeitern einen seiner beschaulichsten Flecken zu verdanken. Fast vollständig sind die malerischen, meist weiß getünchten Häuschen mit entzückenden Minigärten erhalten, die Sie auf einem Gang durch die Gassen entdecken. Wer schlecht zu Fuß oder vorzugsweise bequem unterwegs ist, lässt sich von der Bergziege, dem Mini-Bus der Linie 48 ab- oder aufwärts kutschieren.

3 Biergarten auf dem Süllberg

Links schmiegen sich weiße Villen an den grünen Hang, rechts gleißen die Elbinselstrände, und hinter dem Strom liegt das Alte Land, der Obstgarten der Hansestadt. Da kommt Fernweh auf! So mancher ist regelrecht vernarrt in dieses Panorama, das sich auf dem mit 72 Metern höchsten Hügel der Stadt bietet. Bei Schönwetter genießt man die lockere Atmosphäre bei Alpen-Schmankerln und Weißbier. Und zu jeder anderen Zeit ein Zwei-Sterne-Menü in Karlheinz Hausers Gourmetrestaurant Seven Seas nebenan.

Süllbergterrasse 12
www.karlheinzhauser.de

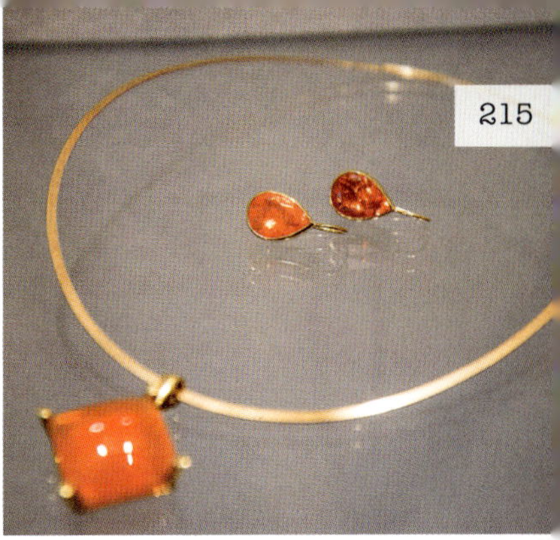

4 Goldschmiede Weingarten

Was auch immer den Mann dazu inspiriert haben mag – Birgit Weingarten erinnert sich gut an eine ihrer außergewöhnlichen Auftragsarbeiten: ein Collier aus Dutzenden stilisierter Goldblätter, filigran miteinander verbunden und das ganze Dekolleté seiner Angebeteten bedeckend. Die Goldschmiedin arbeitet nach eigenen Ideen oder Kundenwünschen aus Erbstücken, Edelsteinen, Koralle, Perlen, Silber und Gold außergewöhnlichen Schmuck von zeitloser Eleganz. Aber es gibt auch einige Schätze direkt zum Mitnehmen.
Waitzstr. 3 im Hof
www.goldschmiede-weingarten.de

5 Gabriele Becker

Warum Gabriele Becker einen so ansehnlichen Stamm an Kundinnen hat? Weil sie mit untrüglichem Gespür das perfekte Outfit findet. Im Auftritt dezent und hochwertig präsentiert sie Blazer, Blusen, Hosen und Kleider von Fabiana Filippi, Hemisphere, Peserico und Capellini. Dazu mit hautschmeichelnden Algenfasern verwobene Cashmerepullover von FTC sowie weiche Kreationen aus Seide und Strick vom Designer-Duo Henry Christ. Klar, die Premiumstücke haben ihren Preis. Aber wer hier kauft, trägt die Teile, bis sie auseinanderfallen, sagt meine Freundin Moni. Bei der Qualität kann das dauern …

Waitzstr. 27, Tel. 040/85500482

6 Il Quarto Stato

Warum Manuel Belsas winziges Café zum Geheimtipp avancierte? Wir verraten es: Weil seine völlige Hingabe in dieses von außen so unscheinbare Lokal fließt. Vor allem aber, weil er die vermutlich köstlichsten Torten und Quiches der Elbvororte backt (mit denen er auch andere namhafte Cafés der Stadt beliefert – das nur so nebenbei)! Gelernt hat der sympathische Spanier das Handwerk bei seiner Mutter. Von ihr hat er vermutlich auch die Gabe geerbt, wie man seine Gäste so freundlich bewirtet, dass seine Fan-Familie beständig weiter wächst.

Liebermannstr. 46, www.il-quarto-stato.de

Reiherstieg-Hauptdeich
Industriestraße
Am Veringhof
Veringstraße
Weimarer Straße
Fährstraße
Geraer Weg
Rotenhäuser Damm
Georg-Wilhelm-Straße
Zeidlerstraße
Vogelhüttendeich
Neuhöfer Straße
Wilhelmsburger Reichsstraße
Rubbertstraße
Grotestraße
Rotenhäuser Straße
Bauwiesenstraße
Bonifatiusstraße
Groß-Sand
Bei der Wollkämmerei
Rotenhäuser End
Dratelnstraße
Mengestraße
Schlengendeich
Neuenfelder Straße
Am Inselpark
Schmidts Breite
Zieglerstraße
Georg-Wilhelm-Straße
Wilhelmsburger Reichsstraße
1
2
3
Shop
1 Genesis
Essen
2 Vju im Energiebunker
Hotel
3 Wälderhaus

EINMAL ÜBERSETZEN:

NACH WILHELMSBURG

Für die Hamburger endet ihre Heimat an der Elbe. Was sich südlich des Stroms befindet, gehört nicht dazu. Das galt auch für diesen Stadtteil. Armut, Arbeitslosigkeit und Kriminalität hatten sich dort ausgeweitet. Doch dann wurde die Flussinsel für die Internationale Bauausstellung entdeckt. Seit eindrucksvoll gezeigt wurde, welch interessante Wohnbaukonzepte es gibt, erlebt das einstige Schmuddelviertel einen Boom. Übersetzen kann man mit der Fähre 73 von den Landungs-brücken bis zur Ernst-August-Schleuse. Wer Wilhelmsburg im Schnelldurchgang erleben will, reist an Bord der *Wilden 13*, die ihren Namen nicht ohne Grund trägt. Die Metrobus-Linie 13 pendelt regelmäßig zwischen S-Bahnhof Veddel und Kirchdorf-Süd.

1 Genesis

Eine analoge Uhr in der digitalen Ära? Das mag wie ein Anachronismus erscheinen, aber es gibt Menschen, die jeden Moment auskosten und das Verstreichen der Zeit lieber an ihrem Arm ablesen als auf dem Smartphone. Für diese Enthusiasten entwickelt Uhrmachermeisterin Christine Genesis zusammen mit dem Designer Jorn Lund Chronometer, in denen Schweizer Uhrwerke den Takt angeben. So luxuriös und individuell, dass auch die nächste Generation daran Freude hat. Werkstattbesuch nur nach Voranmeldung. Das Ladengeschäft ist in der Papenhuder Str. 56 in Uhlenhorst.

Jaffestr. 6, www.genesis-uhren.de

2 Vju im Energiebunker

Was macht man mit einem Flakbunker, der im Zweiten Weltkrieg Tausenden Menschen Schutz bot, aber als Relikt dieser unfriedlichen Zeit zu massiv ist, um es einfach wegzusprengen? Man nutzt den 30-Meter-Koloss als Kraftwerk, das umliegende Haushalte mit Nahwärme versorgt, lädt Leute ein zu einer spannenden Führung durch die Welt der regenerativen Energie. Und am Ende steigt man dort aufs Dach und genießt das 360-Grad-Panorama bei Kaffee und Kuchen im Café Vju. Am Wochenende (jeweils von 10.30 bis 14 Uhr) wird auf Reservierung ein toller Brunch angerichtet.

Neuhöfer Str. 7, www.vju-hamburg.de

3 Wälderhaus

Natürliche Materialien, ökologische Technik und viel Komfort zeichnen dieses Hotel aus, das mit viel Holz, Licht und gelungener Fassadenarchitektur als Nachlass der Internationalen Bauausstellung auf dem Inselparkgelände verblieben ist. Unter demselben Dach befindet sich das Science Center Wald, das die Ökologie des Waldes sowie seine Bedeutung für Wasser und Klima veranschaulicht. Ruhig, gesund und grün schlafen – und nach neun Minuten schon am Hauptbahnhof in den Zug steigen: ein gutes Gefühl.

Am Inselpark 19 (im Navi Neuenfelder Str. 30 eingeben)
www.raphaelhotelwaelderhaus.de

HAMBURG SCHOKT
KAKAO KONTOR
HAMBURG SCHOKT
HAMBURG SCHOKT
HAMBURG SCHOKT
HAMBURG SCHOKT

STOP THE WATER WHILE USING ME!
ALL NATURAL LEMON HONEY SOAP
STOP THE WATER WHILE USING ME!
ALL NATURAL LAVENDER SANDALWOOD REGENERATING SHAMPOO

Fisch
Scampies u. Grill
Bismarckhering

Fischers Fritz fischt frische Fische – aber nicht nur die landen bevorzugt in den Töpfen und Pfannen der Elbanrainer

HAMBURGER SCHNACK & DELIKATESSEN

An manchen Orten werden Sie plattdeutschen Ausdrücken begegnen. Ich mag diesen Dialekt, weil selbst die gröbsten Schimpfwörter liebenswert freundlich klingen. Das erste Wort, das Sie wohl hören werden ist Moin oder Moin, moin. So begrüßen wir an der norddeutschen Wasserkante Fremde und Freunde zu jeder Tageszeit. Die des Plattdeutschen halbwegs Mächtigen wundern sich darüber, weil es verdächtig nach »Morgen« klingt. Tatsächlich aber kommt es von moi. Und das heißt so viel wie »gemütlich, angenehm«. In diesem Sinne: Eine angenehme Zeit in Hamburg. Und Tschüss!

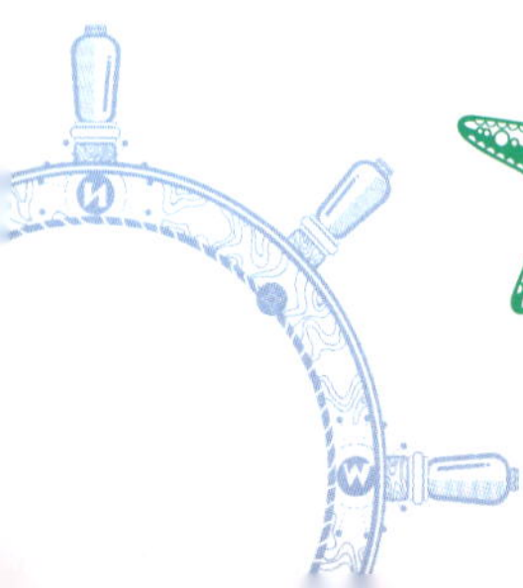

achtern–hinten
angetütert–betrunken
Bangbüx–Angsthase
Buddel–Flasche
Deern–Mädchen
Denn man tau–dann mal los!
Dösbaddel–Dummkopf
Halt den Sabbel–Halt den Mund
hökern–handeln
Klüten–Klöße, Knödel
Kööm–Schnaps
Lütte–Kleine (Kinder)
Lütt un lütt–Korn und Bier in einem Trinkvorgang
plietsch–schlau
Putzbüdel–Friseur
Schietwetter–Sch…wetter
Schietbüdel–freches, niedliches Kind
schmöken–rauchen
suutje, suutsche–langsam, ruhig
Swutsch–Ausgehen
tüdeln–umständlich herumkramen oder sich ebenso ausdrücken
Quiddje–Zugezogene

AUS DER KOMBÜSE:

Aalsuppe: Klassischerweise ist damit eine Restesuppe gemeint, in der Süßes wie Backpflaumen mit Deftigem, z.B. Speck, kombiniert wird. Findet sich tatsächlich mal ein Stück Aal darin, dann nur, um Touristen nicht zu enttäuschen.

Alsterwasser: Heißt in anderen Teilen Deutschlands Radler und ist nichts anderes: Bier mit Zitronenbrause.

Birnen, Bohnen und Speck: Werden im Spätsommer serviert. Unbedingt probieren, auch wenn die Paarung seltsam anmutet!

Franzbrötchen: ein leckeres, leicht klebriges Hefegebäck mit viel Zimt und Zucker, das angeblich aus einem missglückten Baguette entstand. Das Original gibt es so nur in Hamburg.

Labskaus: Das uralte Seefahrergericht besteht aus Pökelfleisch, Rote Bete, Matjes, Zwiebeln und Kartoffeln. Klassischerweise wurde es für die oft von Skorbut geschädigten Matrosen durch den Fleischwolf gedreht. So wird es – von wenigen Ausnahmen abgesehen – auch heute noch serviert, obendrauf ein Spiegelei. Nur Mut, es schmeckt besser, als es aussieht!

Selter: Mineralwasser mit Sprudel

Stinte: Sind so etwas wie die Sardinen des Nordens. Die winzige Lachsart hat nur wenige Wochen im Frühjahr Saison. Sie wird gemehlt gebraten und dann mitsamt Kopf und Schwanz verputzt.

»Hamburg ist die Hälfte von zwei, die Schönste, die Nummer 1, das Gelbe vom Ei. Und statt unsympathisch, jung-dynamisch wie Friedrich Merz, ist hier alles laid back, relaxed und friesisch herb«

Beginner, Hip-Hop-Band aus Hamburg-Eimsbüttel

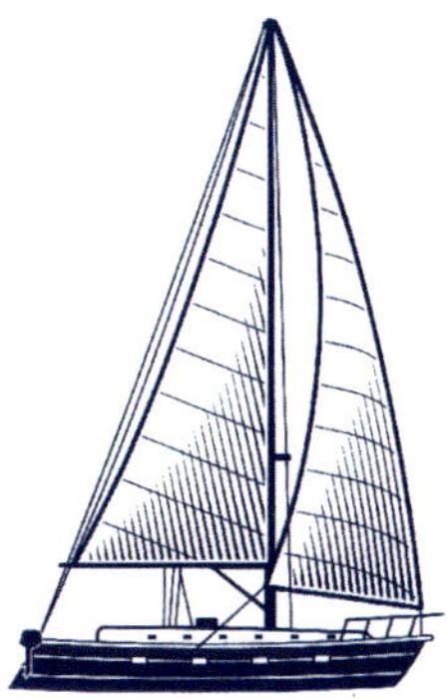

SEPTEMBER

Hamburg Cruise Days

Menschen strömen alle zwei (ungeraden) Jahre aus aller Welt an den Hafen zur lichterfüllten Prozession der Ozeanladys.
www.hamburgcruisedays.de

Reeperbahnfestival

Europas größtes Clubfestival bietet rund um die Reeperbahn aufstrebenden Künstlern ein entspanntes Forum.
www.reeperbahnfestival.com

Lange Nacht der Kirchen

Spirituelle Inszenierungen in meditativer Atmosphäre – auch für Nicht-Gläubige in den Kirchen der Stadt.
www.ndkh.de

SEPTEMBER BIS NOVEMBER

Hamburger Theaterfestival

Die erste Garde der deutschsprachigen Inszenierungen und Schauspieler tritt an verschiedenen Spielorten auf.
www.hamburger-theaterfestival.de

OKTOBER

Filmfest Hamburg

Vom Arthouse-Kino bis zu innovativem Mainstream flimmern etwa 120 Filme als Welturaufführung, Europapremiere oder deutsche Erstaufführung über die Leinwände der Stadt.
www.filmfesthamburg.de

NOVEMBER / DEZEMBER

Historischer Weihnachtsmarkt

Vor dem Rathaus in der Innenstadt verzaubert der größte Adventsmarkt von Ende November bis am Tag vor Heiligabend.
www.hamburger-weihnachtsmarkt.com

Weihnachtsmarkt Ottensen

So bunt, vielfältig und familiär wie der Stadtteil selbst präsentiert sich das adventliche Dorf auf der Ottenser Hauptstraße.
www.hamburg.de/weihnachtsmarkt-in-ottensen

SO GUT WIE IMMER

Hamburger DOM

Norddeutschlands größtes Volksfest findet im Frühjahr, Sommer und Winter in St. Pauli auf dem Heiligengeistfeld statt.
www.hamburg-dom-aktuell.de

Über sieben Meter hoch stelzt Salvador Dalís Space Elephant über den Musical-Boulevard, der auf der Elbinsel Steinwerder, direkt gegenüber den Landungsbrücken, gleich zwei Theater miteinander verbindet

REGISTER

G

216 Gabriele Becker
Waitzstr. 27
Shop, edle hochwertige Mode
43 Galerie Karin Günther
Admiralitätstr. 71/72
Kunst & Kultur, Gegenwartskunst
96 Gastwerk
Beim Alten Gaswerk 3
Hotel, eins der ersten Design-Hotels
220 Genesis
Jaffestr. 6
Shop, Chronometer mit Schweizer Uhrwerk
190 Gin Sul
Bahrenfelder Steindamm 2
Shop, Gin-Destillerie
31 Goldener Pavillon
Entenwerder 1
Kunst & Kultur, Skulptur
215 Goldschmiede Weingarten
Waitzstr. 3 im Hof
Shop, Schmuck von zeitloser Eleganz
172 GO Schuhe
Eppendorfer Baum 20
Shop, exklusive Schuhe
114 Groove City Record Store
Marktstr. 114
Shop, Fundgrube für Raritäten, Gebrauchtes, Neues

H

77 Haco
Clemens-Schultz-Str. 18
Essen, Fine-Dining zu moderaten Preisen
83 Hafenstraße
Hafenstraße
Kunst & Kultur
179 Hamburg City Sailing
Start am AlsterCliff, Fährdamm 13
Sightseeing vom Wasser aus
94 Hamburg's kleinstes Kaufhaus
Bahrenfelder Str. 207
Shop, Wunderland für Antikes, Nützliches, Liebenswertes
204 Hansa-Varieté-Theater
Steindamm 17
Ausgehen
28 Hanseatische Materialverwaltung
Stockmeyerstr. 41–43 (Halle 3)
Shop, Fundgrube für kreative Sammler
126 Happen Pappen
Feldstr. 36
Essen, Restaurant-Café als vegane Wohnküche
112 Harbor Cake
Marktstr. 36
Café, liebevoll gestaltetes kleines Café
118 Hatari Pfälzer Stube & Hatari The Corner
Beim Grünen Jäger 21
Essen, uriges Schlemmerparadies
27 Haus der Photographie (Deichtorhallen)
Deichtorstr. 1–2
Kunst & Kultur, Ausstellung
144 Heimatjuwel
Stellinger Weg 47
Essen, Casual Fine Dining

M

48 Maison F.
Poolstr. 32
Shop, Lifestyle & Design

18 Marc & Daniel
Überseeboulevard 2
Shop, Mode & Accessoires

74 Mexiko Straße
Detlev-Bremer-Str. 43
Essen, authentische mexikanische Küche

24 Miniatur Wunderland
Kehrwieder 2 (Block D)
Kunst & Kultur, Ausstellung

123 Minimarkt
Bartelsstr. 37
Shop, Concept-Store für Minimalistisches

71 Mojo Club & Jazz Café
Reeperbahn 1
Ausgehen

72 Musswessels
Clemens-Schultz-Str. 29
Shop, elegante Mode im Boheme-Look

200 Mutterland
Ernst-Merck-Str. 9 / Ecke Kirchenallee
Shop, regionale Lebensmittel aller Art

131 My Place
Lippmannstr. 5
Hotel

N

125 Nele Industries
Weidenallee 4
Shop, hanseatische Mode

23 NENI
Osakaallee 12 (im alten Hafenamt)
Essen, Restaurant

41 Nord Coast Coffee Roastery
Deichstr. 9
Café, mit eigener Rösterei

O

55 Oschätzchen
Hohe Bleichen 26
Shop, Delikatessen aus aller Welt

P

212 Ponton Op'n Bulln
Strandweg 30
Ausgehen, Schiffe-Gucken

60 Papier und Feder
Colonnaden 108 / Ecke Esplanade
Shop, Papeterie & Schreibgeräte

62 Perle
Großneumarkt 22
Shop, Concept-Store: alte Ideen in neuem Gewand

199 Pet Shop Boyz
Schmilinskystr. 15
Shop, Alles für den Hund

121 Pick & Weight
Beim Grünen Jäger 16
Shop, Secondhand-Mode zum Kilopreis

193 Planetarium
Hindenburgstr. 1 b
Ausgehen

R

S

T

DIE AUTORIN

Claudia Reshöft ist Journalistin und schreibt als freiberufliche Autorin für Familien-, Frauen- und Lifestyle-Magazine.
»Ich in die Stadt ziehen? Niemals! Als Landei an der Ostsee geboren wollte ich in meiner ostholsteinischen Heimat bleiben. Und dann bin ich doch für die Hälfte meines Lebens an der Elbe gestrandet. Meine Tochter ist hier geboren, meine allerbesten Freunde wohnen dort, meine lehrreichsten Jahre habe ich in den großen Verlagen der Hansestadt verbracht. Vor allem aber: Es ist dort so schön grün. Und ich kann laufen, wohin ich will – irgendwann lande ich immer wieder am Wasser. Die Hafenmetropole ist jung, aufregend und kreativ. Hamburg ist eine Perle und die wahre Hauptstadt der Herzen.«

DIE FOTOGRAFIN

Anne Eickenberg hat Fotodesign studiert und ist vor 22 Jahren nach Hamburg gezogen. Sie arbeitet im Auftrag verschiedener Verlage und Unternehmen. »Von Anfang an faszinierte mich die Offenheit der angeblich so steifen Norddeutschen, dazu überall Wasser, die bunte Vielfalt der Stadtteile und der Menschen, die sie bewohnen. Tief verwurzelt durch die Geburt meiner beiden Hamburger Mädchen und durch das stete Fotografieren für Redaktionen und Unternehmen in der Hansestadt meinte ich bis vor Kurzem, Hamburg recht gut zu kennen. Aber durch die Arbeit an diesem Buch habe ich andere Wege, neue Orte und interessante Menschen kennen gelernt. Eine schillernde Stadt, die inspirierend ist und eine Plattform fürs Ausprobieren von Lebensideen bietet.«

IMPRESSUM

Verantwortlich: Ulrich Jahn, Annika Wachter
Lektorat: Rosemarie Elsner
Korrektur: Britta Mümmler
Gestaltung Innenteil: Alexandra Rusitschka
Gestaltung Umschlag: Ralph Hellberg
Kartografie: André Göhlich, Leipzig
Repro: LUDWIG:media
Herstellung: Anna Katavic
Printed in Spain by estellaprint

★★★★★

Sind Sie mit diesem Titel zufrieden? Dann würden wir uns über Ihre Weiterempfehlung freuen.
Erzählen Sie es im Freundeskreis, berichten Sie Ihrem Buchhändler, oder bewerten Sie bei Onlinekauf. Und wenn Sie Kritik, Korrekturen, Aktualisierungen haben, freuen wir uns über Ihre Nachricht an NG Buchverlag, Postfach 40 02 09, D-80702 München oder per E-Mail an lektorat@verlagshaus.de.

Alle Angaben dieses Werkes wurden von den Autoren sorgfältig recherchiert und auf den neuesten Stand gebracht sowie vom Verlag geprüft. Für die Richtigkeit der Angaben kann jedoch keine Haftung übernommen werden.

Unser komplettes Programm finden Sie unter
www.nationalgeographic-buch.de

Bildnachweis: Alle Bilder im Innenteil und des Umschlags stammen von Anne Eickenberg, außer: S. 14: Michael Zapf; S. 43 u.: Galerie Karin Guenther; S. 44/45: Schapowalow/Christian Bäck; S. 57 (x3): HENRI HOTEL; S. 71 o.r. und u.: Florian Hammerl; S. 71 l.: Mojo; S. 73 l.: SKYLINE BAR 20Up/Oliver Heinemann; S. 72 r. und u.: SKYLINE BAR 20Up; S.93 u.: Oliver Schweers; S. 93 r.: FABRIK; S. 96 (x3): Gastwerk Hotel Hamburg; S. 106: Schapowalow/Reinhard Schmid; S. 124 (x3): Superbude/Fotograf Christian Perl; S. 155 (x2): Das kleine Schwarze/Fotograf Felix Krebs; S. 195 (x2): The Georg Hotel Hamburg; S. 221 u.: Vju; S. 231: Shutterstock/ksl.

Die Deutsche Nationalbibliothek verzeichnet diese Publikation in der Deutschen Nationalbibliografie; detaillierte bibliografische Daten sind im Internet über http://dnb.d-nb.de abrufbar.

ISBN 978-3-86690-547-4

Seit ihrer Gründung 1888 hat sich die National Geographic Society weltweit an mehr als 12 000 Expeditionen, Forschungs- und Schutzprojekten beteiligt. Die Gesellschaft erhält Fördermittel von National Geographic Partners LLC, unterstützt unter anderem durch Ihren Kauf. Ein Teil der Einnahmen dieses Buches hilft uns bei der lebenswichtigen Arbeit zur Bewahrung unserer Welt. Das legendäre NATIONAL GEOGRAPHIC-Magazin erscheint monatlich. Darin veröffentlichen namhafte Fotografen ihre Bilder und renommierte Autoren berichten aus nahezu allen Wissensgebieten der Welt. National Geographic im TV ist ein Premium Dokumentations-Sender, der ein informatives und unterhaltsames Programm rund um dieThemen Wissenschaft, Technik, Geschichte und Welt-kulturen bereithält.
Falls Sie mehr über National Geographic wissen wollen, besuchen Sie unsere Website unter www.nationalgeographic.de.